プリント形式のリアル過去問で本番の臨場感！

福岡県

# 敬愛中学校

2025年春受験用

# 解答集

本書は，実物をなるべくそのままに，プリント形式で年度ごとに収録しています。
問題用紙を教科別に分けて使うことができるので，本番さながらの演習ができます。

■ 収録内容

・解答集(この冊子です)

書籍ＩＤ番号，この問題集の使い方，最新年度実物データ，リアル過去問の活用，
解答例と解説，ご使用にあたってのお願い・ご注意，お問い合わせ

・2024(令和６)年度 ～ 2022(令和４)年度　学力検査問題

JN131953

| ○は収録あり | 年度 | '24 | '23 | '22 | | | |
|---|---|---|---|---|---|---|---|
| ■ 問題(一般入試) | | ○ | ○ | ○ | | | |
| ■ 解答用紙 | | ○ | ○ | ○ | | | |
| ■ 配点 | | | | | | | |

算数に解説があります

注)問題文等非掲載:2022年度国語の【一】と作文

問題文などの非掲載につきまして

著作権上の都合により，本書に収録している過去入試問題の本文や図表の一部を掲載しておりません。ご不便をおかけし，誠に申し訳ございません。

本文の一部を掲載できなかったことによる国語の演習不足を補うため，論説文および小説文の演習問題のダウンロード付録があります。弊社ウェブサイトから書籍ＩＤ番号を入力してご利用ください。

なお，問題の量，形式，難易度などの傾向が，実際の入試問題と一致しない場合があります。

教英出版

## ■ 書籍ＩＤ番号

入試に役立つダウンロード付録や学校情報などを随時更新して掲載しています。
教英出版ウェブサイトの「ご購入者様のページ」画面で，書籍ＩＤ番号を入力してご利用ください。

書籍ＩＤ番号　109440

（有効期限：2025年9月30日まで）

**【入試に役立つダウンロード付録】**
「要点のまとめ(国語／算数)」
「課題作文演習」ほか

## ■ この問題集の使い方

年度ごとにプリント形式で収録しています。針を外して教科ごとに分けて使用します。①片側，②中央のどちらかでとじてありますので，下図を参考に，問題用紙と解答用紙に分けて準備をしましょう（解答用紙がない場合もあります)。

針を外すときは，けがをしないように十分注意してください。また，針を外すと紛失しやすくなりますので気をつけましょう。

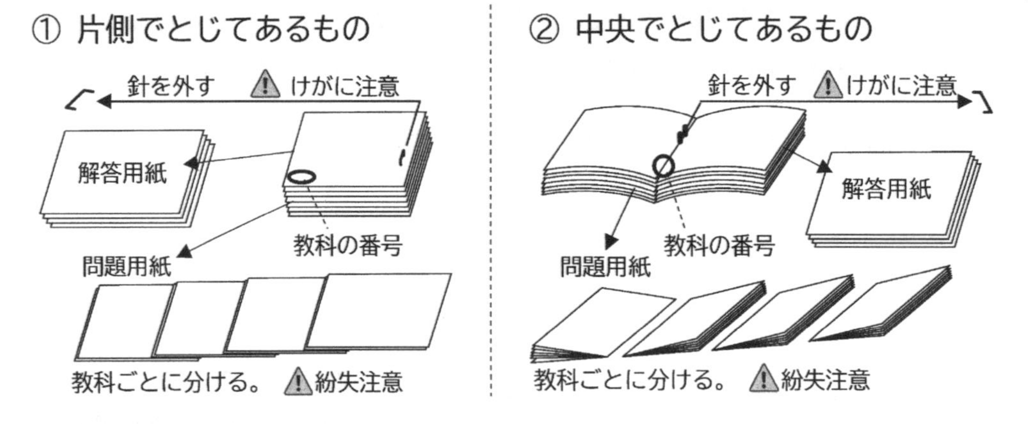


※教科数が上図と異なる場合があります。
解答用紙がない場合や，問題と一体になっている場合があります。
教科の番号は，教科ごとに分けるときの参考にしてください。

## ■ 最新年度 実物データ

実物をなるべくそのままに編集していますが，収録の都合上，実際の試験問題とは異なる場合があります。実物のサイズ，様式は右表で確認してください。

| | |
|---|---|
| 問題用紙 | Ｂ５冊子(二つ折り) |
| 解答用紙 | Ｂ４片面プリント |

# リアル過去問の活用

～リアル過去問なら入試本番で力を発揮することができる～

## 本番を体験しよう！

問題用紙の形式（縦向き / 横向き），問題の配置や余白など，実物に近い紙面構成なので本番の臨場感が味わえます。まずはパラパラとめくって眺めてみてください。「これが志望校の入試問題なんだ！」と思えば入試に向けて気持ちが高まることでしょう。

## 入試を知ろう！

同じ教科の過去数年分の問題紙面を並べて，見比べてみましょう。

**① 問題の量**

毎年同じ大問数か，年によって違うのか，また全体の問題量はどのくらいか知っておきましょう。どのくらいのスピードで解けば時間内に終わるのか，大問ひとつにかけられる時間を計算してみましょう。

**② 出題分野**

よく出題されている分野とそうでない分野を見つけましょう。同じような問題が過去にも出題されていることに気がつくはずです。

**③ 出題順序**

得意な分野が毎年同じ大問番号で出題されていると分かれば，本番で取りこぼさないように先回りして解答することができるでしょう。

**④ 解答方法**

記述式か選択式か（マークシートか），見ておきましょう。記述式なら，単位まで書く必要があるかどうか，文字数はどのくらいかなど，細かいところまでチェックしておきましょう。計算過程を書く必要があるかどうかも重要です。

**⑤ 問題の難易度**

必ず正解したい基本問題，条件や指示の読み間違いといったケアレスミスに気をつけたい問題，後回しにしたほうがいい問題などをチェックしておきましょう。

## 問題を解こう！

志望校の入試傾向をつかんだら，問題を何度も解いていきましょう。ほかにも問題文の独特な言いまわしや，その学校独自の答え方を発見できることもあるでしょう。オリンピックや環境問題など，話題になった出来事を毎年出題する学校だと分かれば，日頃のニュースの見かたも変わってきます。

こうして志望校の入試傾向を知り対策を立てることこそが，過去問を解く最大の理由なのです。

## 実力を知ろう！

過去問を解くにあたって，得点はそれほど重要ではありません。大切なのは，志望校の過去問演習を通して，苦手な教科，苦手な分野を知ることです。苦手な教科，分野が分かったら，教科書や参考書に戻って重点的に学習する時間をつくりましょう。今の自分の実力を知れば，入試本番までの勉強の道すじが見えてきます。

## 試験に慣れよう！

入試では時間配分も重要です。本番で時間が足りなくなってあわてないように，リアル過去問で実戦演習をして，時間配分や出題パターンに慣れておきましょう。教科ごとに気持ちを切り替える練習もしておきましょう。

## 心を整えよう！

入試は誰でも緊張するものです。入試前日になったら，演習をやり尽くしたリアル過去問の表紙を眺めてみましょう。問題の内容を見る必要はもうありません。どんな形式だったかな？受験番号や氏名はどこに書くのかな？…ほんの少し見ておくだけでも，志望校の入試に向けて心の準備が整うことでしょう。

そして入試本番では，見慣れた問題紙面が緊張した心を落ち着かせてくれるはずです。

※まれに入試形式を変更する学校もありますが，条件はほかの受験生も同じです。心を整えてあせらずに問題に取りかかりましょう。

# 2024 解答例 令和6年度 敬愛中学校

## 《国　語》

【一】問一. ⓐしゅ　ⓑ群　ⓒ許　ⓓちゅうせい　ⓔ乗　　問二. A. エ　B. ウ　C. ア　　問三. 進化の過程で種が入れかわることで、生物が徐々に変化すること。　　問四. エ　　問五. ア　　問六. イ　　問七. 人口　問八. ア

【二】問一. ⓐ鏡　ⓑそうざい　ⓒ拾　ⓓはず　ⓔ笑　　問二. イ　　問三. ②エ　④ア　　問四. イ　　問五. ア　問六. 上手にできているはずのカステラがふくらんでいないのを見て驚いているということ。　　問七. イ　問八. ウ

【三】問一. ①くさかんむり　②にんべん　　問二. ①八　②三　③百

【四】〈作文のポイント〉

・最初に自分の主張、立場を明確に決め、その内容に沿って書いていく。

・わかりやすい表現を心がける。自信のない表現や漢字は使わない。

さらにくわしい作文の書き方・作文例はこちら！→https://kyoei-syuppan.net/mobile/files/sakupo.html

## 《算　数》

［1］ (1)10　(2)12　(3)$1\frac{1}{2}$　(4)21　(5)4　(6)117　(7)82.24　(8)①128　②64

［2］ (1)5　(2)4.8　(3)3.2

［3］ (1)①4　②2　③5　(2)1　(3)16　(4)7.5

［4］ (1)3　(2)2.5　(3)エ

［5］ (1)3：1　(2)36　(3)①$\frac{2}{9}$　②8　(4)4

［6］ (1)①20　②804　(2)①52　②106

## 《理　科》

1 (1)表面は電気を通さない素材でできているので，表面をけずって内側の電気を通す部分を電池とつなぐため。 (2)A. 5　B. 14　(3)図2では電池2個がつながっているので，電池1個の図1よりも大きな電流が流れ，クリップを引きつける力が大きかったから。　(4)ア　(5)イ，オ　(6)①電流を流している　②大きさ　③巻き数　④電池をつなぐ向きを逆に

2 (1)A. アンモニア水　B. 炭酸水　C. 塩酸　D. 石灰水　E. 食塩水　(2)酸　(3)A，B，C　(4)C　(5)エ　(6)①二酸化炭素　②白くにごる

3 (1)虫や鳥に花粉を運んでもらうため　(2)イ　(3)ウ　(4)イ　(5)デンプン　(6)蒸散　(7)気孔　(8)マツ…E　イチョウ…G　サクラ…D　(9)葉脈

4 (1)①B　②F　(2)う　(3)ウ　(4)ウ　(5)カシオペヤ　(6)北斗七星　(7)B　(8)①カ　②ク　(9)記号…ウ　説明…夕方，満月の形に見えた。

## 《社　会》

［1］ 問1. エ　問2. アイヌ　問3. (1)ウ　(2)エ　問4. 情報を発信するときには，情報の内容に責任を持つ。　問5. 利根川　問6. イ　問7. イ　問8. 1. ブラジル　2. 南　問9. ウ　問10. イ

問11．松江　問12．日本海　問13．促成栽培　問14．ウ　問15．4　問16．宮崎

［2］問1．1．鑑真　2．小野妹子　3．卑弥呼　問2．源義経　問3．ア　問4．関税自主権

問5．ウ→ア→イ　問6．家がらにとらわれずに，能力のある豪族を役人に取り立てるため。　問7．ウ

問8．エ　問9．イ　問10．エ　問11．3番目…B　6番目…E

［3］問1．エ　問2．ア　問3．親藩・譜代は，江戸や京，大阪などの重要地の近くに置き，外様は江戸や京から遠い土地に配置した。　問4．国土交通省　問5．はに輪　問6．ア　問7．ウ　問8．ウ

問9．エ　問10．1．百姓一揆　2．打ちこわし　問11．ウ　問12．ウ　問13．共助　問14．ア

問15．地方交付税

## 《適性試験》

［1］問1．⑴イ　⑵消費税の税率が，3%から10%に上がったから。　問2．借金にあたる公債金は31.1%あるのに，返済にあたる国債費は22.1%しかないから。

［2］問1．①S　②N　問2．N極どうし，S極どうしが近くにあるので反発するからです

問3．N極とS極がくっついて，磁石の性質を打ち消しあっている

［3］問1．7140　問2．34675

問3．ア．小倉から広島へ　3740×0.8＋3400＝6392　広島から岡山へ　3080×0.8＋2530＝4994

岡山から新大阪へ　3080×0.8＋2530＝4994　新大阪から小倉へ　8910×0.8＋4960＝12088

よって6392＋4994＋4994＋12088＝28468　28468円　イ．109043

## 【算数分野の解説】

［3］

**問1**　小倉から広島まで，大人1人分の運賃は3740円，自由席特急料金は3400円だから，片道料金は3740＋3400＝7140(円)である。

**問2**　小倉から新大阪まで，大人1人分の片道料金は8910＋4960＝13870(円)である。子ども料金は大人の料金の半額だから13870÷2＝6935(円)となるので，3人分の片道料金は，13870×2＋6935＝34675(円)である。

**問3ア**　20%引きはもとの金額の1－0.2＝0.8(倍)である。解答例のように1日ごとに計算する方法以外にも，運賃の合計は(3740＋3080＋3080＋8910)×0.8＝18810×0.8＝15048(円)，自由席特急料金の合計は3400＋2530＋2530＋4960＝13420(円)だから，愛さん1人分の料金は15048＋13420＝28468(円)と求めてもよい。

**イ**　問1から問3までの計算結果を利用して解く。

1日目について，問1より，敬さんの片道料金は7140÷2＝3570(円)だから，父と母と敬さんの片道料金の合計は7140×2＋3570＝17850(円)である。

2日目と3日目について，広島から岡山と，岡山から新大阪は片道料金が等しい。大人料金は3080＋2530＝5610(円)，子ども料金は5610÷2＝2805(円)だから，父と母と敬さんの2日間の片道料金の合計は(5610×2＋2805)×2＝28050(円)である。

4日目について，問2より，新大阪から小倉までの父と母と敬さんの片道料金の合計は34675円である。

以上と問3より，4人分の料金は合計17850＋28050＋34675＋28468＝109043(円)となる。

## 《作　文》

《国　語》【四】の〈作文のポイント〉参照。

[1]

(1) 与式＝33－30＋7＝3＋7＝**10**

(2) 与式＝4×(98－56)÷14＝4×42÷14＝4×3＝**12**

(3) 与式＝$(2\frac{1}{4}-\frac{3}{8})\times\frac{4}{5}=(\frac{9}{4}-\frac{3}{8})\times\frac{4}{5}=(\frac{18}{8}-\frac{3}{8})\times\frac{4}{5}=\frac{15}{8}\times\frac{4}{5}=\frac{3}{2}=$ **$1\frac{1}{2}$**

(4) 1から100までの整数で，5の倍数は100÷5＝20(個)，1から200までの整数で，5の倍数は200÷5＝40(個)ある。100は5の倍数だから，100から200までの整数で，5の倍数は40－20＋1＝**21**(個)ある。

(5) 定価は原価の30%増しだから，原価の1＋0.3＝1.3(倍)である。売り値は定価の20%引きだから，原価の1.3×(1－0.2)＝1.04(倍)である。よって，原価に対して(1.04－1)×100＝**4**(%)の利益が出る。

(6) **【解き方】(平均)×(人数)＝(合計)となることを利用する。**

A，B，C，D，Eの5人の身長の合計は120×5＝600(cm)，A，B，Cの3人の身長の合計は122×3＝366(cm)だから，D，Eの2人の身長の合計は，600－366＝234(cm)である。よって，D，Eの2人の身長の平均は，234÷2＝**117**(cm)である。

(7) **【解き方】右図のようにかげのついた部分を移動してから面積を求める。**

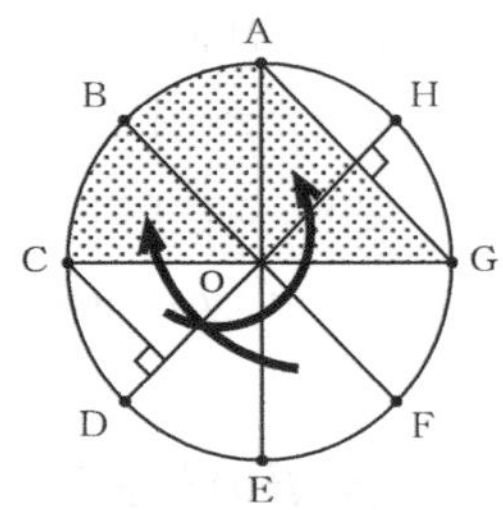


円の中心をOとすると，角AOC＝角AOG＝90°だから，求める面積は半径8cm，中心角90°のおうぎ形の面積と，直角をつくる2辺の長さが8cmの直角二等辺三角形の面積の和である。

よって，$8\times8\times3.14\times\frac{90°}{360°}+8\times8\div2=$ **82.24**(cm²)

(8) 角BDC＝180°だから，角㋐＝180°－52°＝①**128°**

AD＝CDより，三角形ADCは二等辺三角形だから，内角の和より，角㋑＝(180°－52°)÷2＝②**64°**

[2]

(1) 求める速さは，100÷20＝5より，時速**5**km

(2) **【解き方】10km歩くごとに休憩(きゅうけい)をとるから，休憩の回数は100÷10－1＝9(回)となる。**

休憩している時間は合計で，20×9＝180(分)，つまり180÷60＝3(時間)である。よって，スタートしてから24時間でゴールするとき，歩いている時間は24－3＝21(時間)となるので，求める速さは，100÷21＝4.76…より，時速**4.8**kmである。

(3) **【解き方】まずは敬さんが足を痛めてから歩いた時間を求める。**

スタート地点から70km地点までにかかった時間は，70÷5＝14(時間)である。その後，30分間＝$\frac{30}{60}$時間＝0.5時間だけその場で休憩したから，足を痛めてから歩いた時間は24－14－0.5＝9.5(時間)となる。よって，求める速さは，(100－70)÷9.5＝3.15…より，時速**3.2**kmである。

[3]

(1) **【解き方】三角形PABの底辺をABとしたときの高さの変化に注目する。**

三角形PABの高さは，PがBC上にあるときは増加していき，PがCD上にあるときは4cmで一定になる。PがDA上にあるときは減少していき，Aにあるときは0cmとなるので，PはBを出発して①**4**秒後にCに，その6－4＝②**2**(秒後)にDに，その11－6＝③**5**(秒後)にAにそれぞれあるとわかる。

(2) PはBからCまで4cmの道のりを4秒間で進むから，Pの速さは，4÷4＝1より，秒速**1**cmである。

⑶　**【解き方】ＰがＣにあるときの三角形ＰＡＢの面積に注目し，ＡＢの長さを求める。**

ＰがＣにあるとき，三角形ＰＡＢは底辺がＡＢ，高さがＢＣ＝４cm，面積が 10 cm²だから，ＡＢ＝10×２÷４＝５(cm)である。ＰはＢからＡまで 11 秒間で進むので，台形ＡＢＣＤの周の長さは，５＋１×11＝**16**(cm)である。

⑷　**【解き方】三角形ＰＡＢの面積が７cm²になるのは，右のグラフより，１回目はＰがＢＣ上にあるとき，２回目はＰがＤＡ上にあるときだとわかる。**

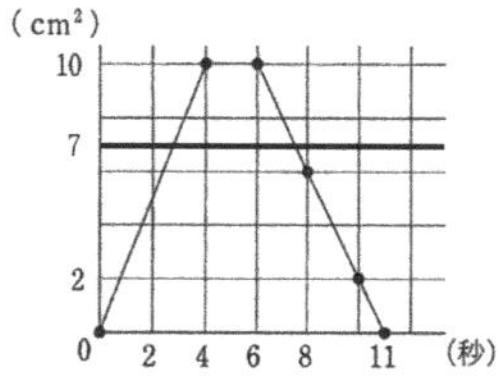


三角形ＰＡＢの面積はＰがＤにあるとき 10 cm²であり，ここからＡに着くまで一定の割合で減少していき，５秒後に０cm²となる。したがって，面積が 10－７＝３(cm²)減少するのにかかる時間は，$５\times\frac{3}{10}$＝1.5(秒)だから，２回目に三角形ＰＡＢの面積が７cm²になるのは，ＰがＢを出発してから６＋1.5＝**7.5**(秒後)であり，このときＰはＤＡ上にある。

［４］

⑴　給水装置を６台同時に動かすと，プールは２時間で満水になるので，４時間で満水になったときに動かした給水装置は$６\times\frac{2}{4}$＝**３**(台)である。

⑵　**【解き方】階段を複数の直方体に分けてもよいが，右図のように２つの階段を重ね合わせて直方体をつくると考えやすい。**

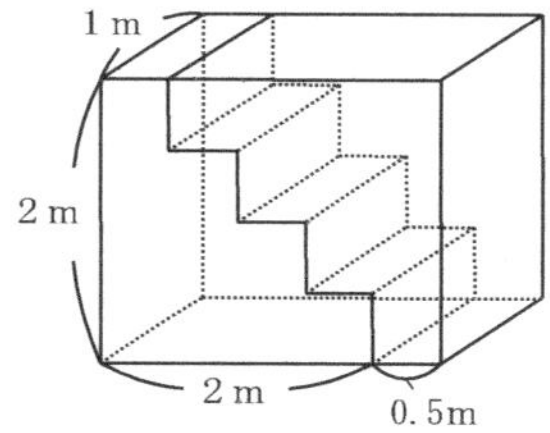


階段を２つ重ね合わせてできる直方体は，縦の長さ，横の長さ，高さがそれぞれ１ｍ，２＋0.5＝2.5(ｍ)，２ｍだから，体積は１×2.5×２＝５(m³)である。よって，階段の体積は５÷２＝**2.5**(m³)である。

⑶　**【解き方】水を入れる部分の底面積が等しいとき，高さは一定の割合で増加するから，グラフは直線になる。また，底面積が小さいほど，同じ時間に増加する高さの割合が大きくなるので，グラフの傾(かたむ)きは急になる。**

水を入れる部分の底面積は，水が入っていない状態から水面の高さが２ｍになるまで，水面の高さが 50 cm上がるごとに大きくなる。つまり，グラフの傾きは少しずつゆるやかになっていくので，**エ**が適する。

［５］　**【解き方】緑の紙の大きさを$\boxed{1}$とすると，他の紙の大きさは，黄色い紙が$\boxed{1}$×３＝$\boxed{3}$，青い紙が$\boxed{3}$×２＝$\boxed{6}$，赤い紙が$\boxed{6}$×３＝$\boxed{18}$，白い紙が$\boxed{18}$×２＝$\boxed{36}$となる。**

⑴　赤と青の紙の大きさの比は，$\boxed{18}$：$\boxed{6}$＝**３：１**

⑵　緑の紙は白い紙の$\boxed{36}$÷$\boxed{1}$＝**36**(倍)の大きさである。

⑶　赤，青，黄，緑の紙の大きさの合計は，$\boxed{18}$＋$\boxed{6}$＋$\boxed{3}$＋$\boxed{1}$＝$\boxed{28}$だから，紙が貼られていない部分の大きさは$\boxed{36}$－$\boxed{28}$＝$\boxed{8}$となる。よって，紙が貼られていない部分は白い紙の大きさの$\boxed{8}$÷$\boxed{36}$＝①$\frac{2}{9}$(倍)の大きさであり，緑の紙の$\boxed{8}$÷$\boxed{1}$＝②**8**(倍)の大きさである。

⑷　**【解き方】⑶より，赤，青，黄，緑の紙を１枚ずつ貼ったとき，白い部分の大きさは$\boxed{8}$だから，これら４色の紙の枚数を大きさの合計が$\boxed{8}$になるように増やして，他の紙と重ならないように貼り付ける方法を考える。**

赤い紙の大きさは$\boxed{18}$で$\boxed{8}$より大きいから，これ以上使うことはできない。

青い紙を１枚増やすとき，$\boxed{8}$－$\boxed{6}$＝$\boxed{2}$だから，さらに緑の紙が２枚あれば，大きさの合計が$\boxed{8}$になる。

図１

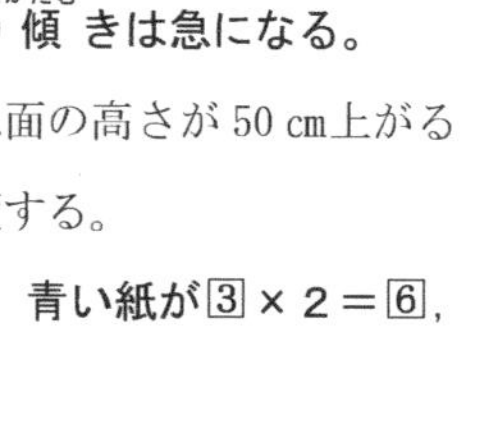


黄色い紙を１枚増やすとき，$\boxed{8}$－$\boxed{3}$＝$\boxed{5}$だから，さらに緑の紙が５枚あれば，大きさの合計が$\boxed{8}$になる。

黄色い紙を２枚増やすとき，$\boxed{8}$－$\boxed{3}$×２＝$\boxed{2}$だから，さらに緑の紙が２枚あれば，大きさの合計が$\boxed{8}$になる。

緑の紙だけ使うとき，８枚あれば大きさの合計が$\boxed{8}$になる。

以上の４通りの貼り方はいずれも，図１の大きさが⑥の部分に青または黄の紙を貼ったあとに，残りの部分に緑の紙を貼っていけば，他の紙と重ならずに貼り付けることができる。よって，枚数の組み合わせは全部で**4**通りある。

［6］

⑴　**【解き方】立方体が１個のとき，必要な玉の個数は８個，必要な棒の本数は12本である。ここから立方体を１つ増やすごとに，必要な玉の個数は４個ずつ，必要な棒の本数は８本ずつそれぞれ増えていく。**

立方体が４個のとき，必要な玉の個数は８＋４×（４－１）＝①**20**(個)ある。

立方体が100個のとき，必要な棒の本数は12＋８×(100－１)＝②**804**(本)である。

⑵　**【解き方】正面から見える玉の個数と棒の本数について，規則的に数える。**

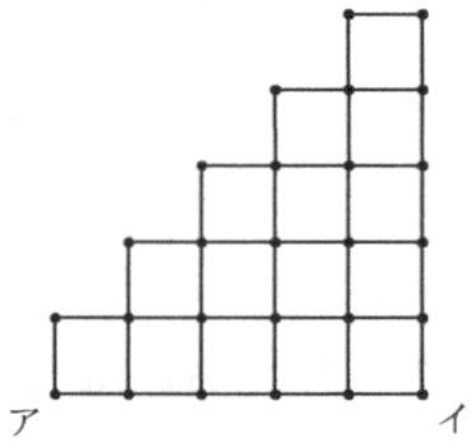


階段が５段のとき，正面から見ると右図のように見える。

このとき，縦に並ぶ玉の個数をアからイの方向に向かって数えていくと，

２＋３＋４＋５＋６＋６＝26(個)あるから，奥にある玉の個数をふくめると，

全部で26×２＝①**52**(個)ある。

正面から見たときに，縦，横に並ぶ棒の本数はそれぞれ，

１＋２＋３＋４＋５＋５＝20(本)ずつあるから，奥にある棒の本数をふくめると，20×２×２＝80(本)ある。

また，正面の玉と奥の玉をつなぐ棒の本数は，正面から見える玉の個数に等しいから26本ある。

したがって，棒の本数は全部で80＋26＝②**106**(本)ある。

# 2023 解答例 令和5年度　敬愛中学校

## 《国　語》

【一】問一．ⓐ周囲　ⓑきんむ　ⓒ苦労　ⓓ演出　ⓔしょうじき　　問二．A．エ　B．ア　　問三．ウ

問四．エ　　問五．ア　　問六．若い人たちは議論に慣れていないため、議論を生理的に拒否してしまうようになっているから。　　問七．父と息子の激しい対決　　問八．イ

【二】問一．ⓐあ　ⓑ招　ⓒ責　ⓓ緑　ⓔほんね　　問二．イ　　問三．ア　　問四．エ　　問五．母の取った態度が、父の言葉に賛同できないという返答である　　問六．エ　　問七．エ　　問八．ウ　　問九．ア，オ

【三】問一．①三　②七　　問二．①頭　②耳　③顔

【四】〈作文のポイント〉

・最初に自分の主張、立場を明確に決め、その内容に沿って書いていく。

・わかりやすい表現を心がける。自信のない表現や漢字は使わない。

さらにくわしい作文の書き方・作文例はこちら！→https://kyoei-syuppan.net/mobile/files/sakupo.html

## 《算　数》

［1］(1)13　(2)17　(3)$\frac{13}{15}$　(4)21.3　(5)288　(6)36.48　(7)74　(8)60

［2］(1)①右図　②840　(2)①30　②18

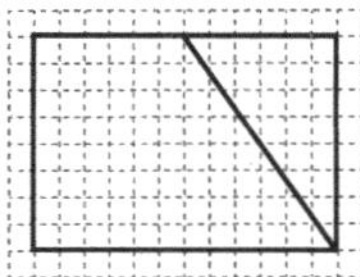

［3］(1)15　(2)2　(3)三角形ＡＢＥは直角二等辺三角形で，㋐が90°なので，三角形ＦＥＣはＣＥ＝ＣＦの直角二等辺三角形となる。よって，ＣＥの長さが2cmなので，ＣＦの長さも2cmである。動かす前はＣＦが3cmなので，3－2＝1／点Ｆを1cm動かせばよい。

［4］(1)1，20　(2)6，40　(3)1，30

［5］(1)4：3　(2)①$\frac{8}{35}$　②60

［6］(1)18　(2)①11　②18　(3)13

## 《理　科》

1　(1)蒸散　(2)植物のはたらきによって減った水の量だけを調べるため。

(3)①b，c　②2　③22　④98　(4)A．裏　B．気孔　(5)右図　(6)ア，エ

2　(1)イ，ウ，カ　(2)ウ　(3)①A　理由…気温の変化が大きいから。

②先に地面が温められて，その後に気温が上がるから。　(4)イ　(5)エ

(6)①雲　②快晴　③晴れ　④くもり

3　①12.5　②45　③大きくなる〔別解〕増える　④冬　⑤大きくなる〔別解〕増える

⑥大きくなる〔別解〕増える　⑦二酸化炭素　⑧にくく　⑨ア

4　(1)17　(2)①ア　②イ　③ア　④ア　⑤イ　⑥ウ　(3)①燃えた重さが同じだったら，二酸化炭素がどれだけ出るかを比べる。　②イ　③0.4

## 《社　会》

［1］ 問1．太平洋　問2．b　問3．番号…②　国名…エジプト　問4．エ

［2］ 問1．1．ユーラシア　2．四国　問2．ア　問3．ウ　問4．イ　問5．奈良　問6．潮目
問7．ア　問8．エ　問9．ア

［3］ 問1．A．エ　B．ウ　問2．⑴イ　⑵収穫した米を保存する役割。　問3．⑴東大寺　⑵イ
問4．⑴地頭　⑵奉公　問5．⑴ウ　⑵足利義満　問6．⑴刀狩（令）　⑵武士　問7．⑴イ　⑵大ききんが起きている

［4］ 問1．参議院　問2．身体的なおとろえなどで投票に行くことが難しいから。　問3．3　問4．裁判員
問5．ウ　問6．閣議　問7．A．ア　B．エ　C．ウ　問8．⑴11，3　⑵基本的人権　⑶象徴

## 《適性試験》

1 問1．170　問2．様々な意見を反映しにくい点。　問3．議員一人あたりの有権者数を平等にするため。／一票の格差を是正するため。

2 問1．①ア　②イ　③ア　④イ　問2．すでにある焼却施設を使うことで費用が少なくすみ，焼却しても有害物質をあまり出さない

3 問1．2300　問2．6175　問3．理由…特売日は3日あるが，火曜日は野菜のみ5％引き，木曜日は肉のみ5％引き，日曜日は全品が5％引きなので，日曜日に全品を買うと最も安く買うことができる。しかし，「2日を使って」とあるので，火曜日に野菜だけを買って残りを日曜日に買うと，全品を5％引きで買うことになる。
答…火／日〔別解〕木／日

**【算数分野の解説】**

2 **問1**① 2005年の有効利用率は58%なので，有効利用されなかった廃プラスチックは，100－58＝42(%)
②③ 廃プラスチック総排出量は近年減っている一方，有効利用率は増えている。
④ 2005年のサーマルリサイクル量は，廃プラスチック総排出量の$\frac{368}{1006}\times100=36.58\cdots$(%)だから，約36%である。

3 **問1** 土曜日は特売日ではないため，通常の価格となる。肉Aは100gで500円，肉Bは100gで100円だから，合計金額は，$500\times\frac{300}{100}+100\times\frac{800}{100}=1500+800=2300$(円)となる。
**問2** 日曜日は特売日で，全品5％引きなので，合計金額に$1-0.05=0.95$をかければよい。よって，求める金額は，$(2300+200\times\frac{300}{100}+150\times\frac{300}{100}+50\times\frac{500}{100}+300\times\frac{200}{100}+100\times\frac{300}{100}+1000\times\frac{2}{1})\times0.95=$
$(2300+600+450+250+600+300+2000)\times0.95=6500\times0.95=6175$(円)となる。
**問3** 果物と米は日曜日以外では割引にならないので，2日のうち1日は日曜日となることに気をつける。

## 《作　文》

《国　語》【四】の〈作文のポイント〉参照。

# 2023 算数解説 令和５年度 ▶ 敬愛中学校

［１］

⑴　与式＝10＋12－９＝22－９＝13

⑵　与式＝５＋(18－３×２)＝５＋(18－６)＝５＋12＝17

⑶　与式＝$1-(\frac{6}{5}-\frac{2}{3})\times\frac{1}{4}=1-(\frac{18}{15}-\frac{10}{15})\times\frac{1}{4}=1-\frac{8}{15}\times\frac{1}{4}=\frac{15}{15}-\frac{2}{15}=\frac{13}{15}$

⑷　与式＝71×0.3＝21.3

⑸　４％の食塩水 300ｇのうち，100－４＝96(％)が水だから，必要な水の量は，$300\times\frac{96}{100}$＝288(ｇ)

⑹　**【解き方】右の「葉っぱ型の図形の面積」を利用する。**

求める面積は，８×８×0.57＝36.48(㎠)

**葉っぱ型の図形の面積**

右の斜線部分の面積は，

(円の$\frac{1}{4}$の面積)×２－(正方形の面積)＝

(１×１×3.14×$\frac{1}{4}$)×２－１×１＝0.57 だから，

**(葉っぱ型の面積)＝(正方形の面積)×0.57**

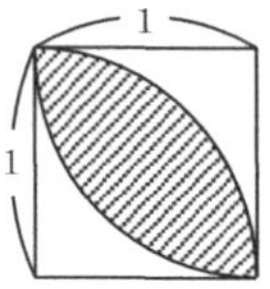


⑺　**【解き方】(平均点)×(人数)＝(合計点)となることを利用する。**

男子５人の合計点は，72.4×５＝362(点)

女子４人の合計点は，76×４＝304(点)　　よって，男女合わせた９人の平均点は，(362＋304)÷９＝74(点)

⑻　**【解き方】右図のようにＯＣを引く。折り返した辺だからＯＡ＝ＣＡ，円の半径だから，ＯＡ＝ＯＣなので，ＯＡ＝ＣＡ＝ＯＣとなり，三角形ＣＡＯは正三角形である。**

角ＣＡＤ＝角ＤＡＯ＝60°÷２＝30°，角ＤＣＡ＝90°なので，

㋐＝180°－(30°＋90°)＝60°となる。

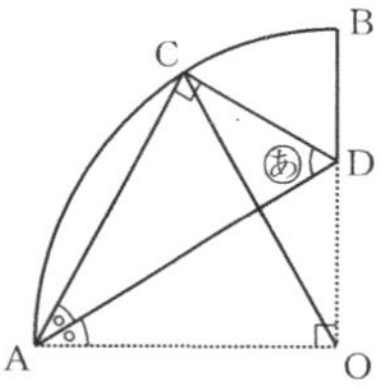


［２］

⑴①　右図のような長方形ＡＢＣＤで，ＡＤの中点ＭからＣに向かって直線を引いた形になっている。

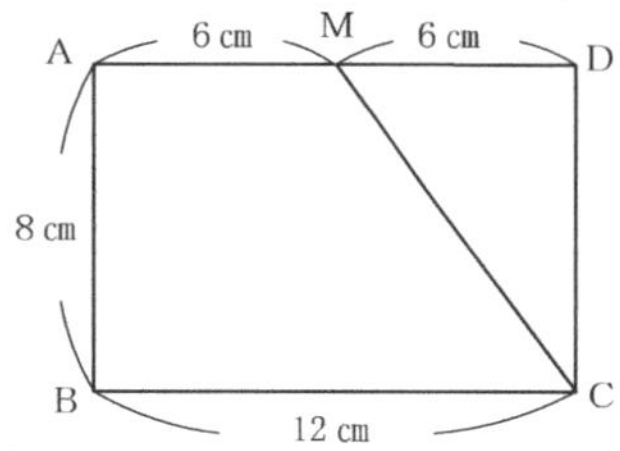


②　**【解き方】直方体の体積から三角柱の体積を引いて求めればよい。**

この直方体の体積は，10×12×８＝960(㎤)であり，三角柱は底面積が

６×８÷２＝24(㎠)で高さが 10－５＝５(㎝)だから，体積は 24×５＝120(㎤)となる。

よって，求める体積は，960－120＝840(㎤)となる。

⑵①　３問正解した児童は得点が５点となるから，表より６人いるとわかる。よって，その割合は，$\frac{6}{20}$×100＝30(％)となる。

②　**【解き方】４点と５点の児童は２番と３番を両方正解している。４点の生徒が７人，５点の生徒が６人で，合計 13 人となるので，３番を正解した 13 人は全員４点以上だとわかる。**

２点，３点の生徒は２番か３番を正解する必要があるが，３番を正解した 13 人は全員４点以上なので，２点，３点の児童は全員２番を正解していることになる。よって，２点から５点までの児童は全員２番を正解しているから，その人数は，２＋３＋７＋６＝18(人)となる。

［３］

⑴　**【解き方】三角形ＡＥＦの面積は，長方形ＡＢＣＤの面積から三角形ＡＢＥ，三角形ＦＥＣ，三角形ＡＤＦの面積のを引くと求められる。**

右図より，三角形ＡＥＦの面積は，

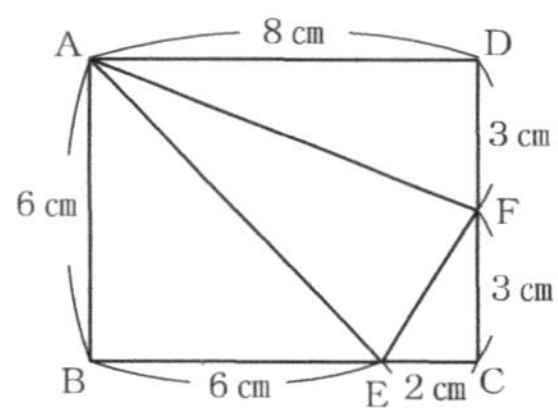

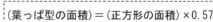

$6\times8-\{(6\times6\div2)+(2\times3\div2)+(3\times8\div2)\}=48-(18+3+12)=15$(㎠)

⑵　**【解き方】Ｆを動かすことで三角形ＡＥＦの面積が $21-15=6$（㎠）増えればよい。したがって，三角形ＦＥＣと三角形ＡＤＦの面積の和が６㎠減ればよい。右図はＦをＤの方向へ１cm動かした図で，Ｇは最初のＦの位置を表す。この図をもとに，Ｆを１cm動かすことで面積がどれだけ変化したかを考える。**

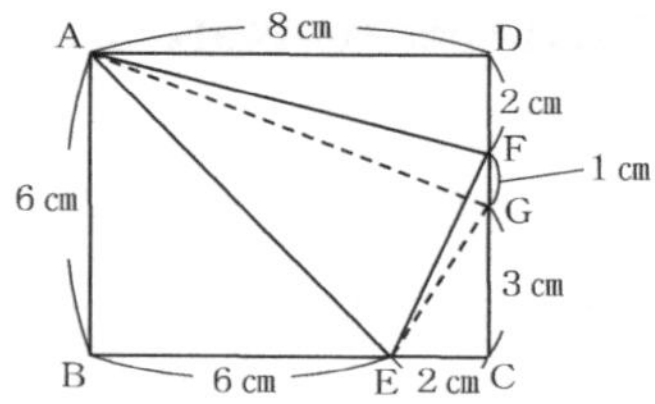


三角形ＦＥＣの面積は図の三角形ＦＥＧの面積の分だけ増えたから，$1\times2\div2=1$（㎠）増えた。

三角形ＡＤＦの面積は図の三角形ＡＦＧの面積の分だけ減ったから，$1\times8\div2=4$（㎠）減った。

したがって，三角形ＦＥＣと三角形ＡＤＦの面積の和は $4-1=3$（㎠）減った。よって，Ｆを１cm動かすごとに三角形ＡＥＦの面積は３㎠増えるから，面積が 21 ㎠になるのは，$6\div3=2$（cm）動かしたときである。

⑶　三角形ＡＢＥが直角二等辺三角形だから，角ＡＥＢ＝45°なので，角ＦＥＣ＝180°－90°－45°＝45°になればよい。したがって，三角形ＦＥＣも直角二等辺三角形となる。

［４］

⑴　敬さんが１周するのにかかる時間は $200\div150=\frac{4}{3}=1\frac{1}{3}$（分），つまり，１分＋$(\frac{1}{3}\times60)$秒＝１分 20 秒

⑵　**【解き方】敬さんは分速 150m，愛さんは分速 120mで走るので，１分あたり $150-120=30$（m）だけ差がつく。ランニングコースは１周 200mなので，２人の走った道のりに 200m差がつく時間を求めればよい。**

２人の走った道のりの差が 200mになる時間は，$200\div30=\frac{20}{3}=6\frac{2}{3}$（分），つまり，６分＋$(\frac{2}{3}\times60)$秒＝６分 40 秒

⑶　**【解き方】このコースを 15 周走ったときの道のりは，$200\times15=3000$（m）となる。敬さんは，３，６，９，12 周走ったら休けいをとるので，休けい時間は $2\times4=8$（分間）だから，$3000\div150+8=28$（分）かけてゴールしたことになる。よって，愛さんも走った時間と休けいの時間の合計が 28 分となればよい。**

愛さんが 3000mの道のりを走る時間は，$3000\div120=25$（分）だから，休けい時間は，$28-25=3$（分）だとわかる。

愛さんは５，10 周走ったら休けいを取るので，休けいの回数は，２回である。よって，１回あたりの休けいは，$3\div2=1\frac{1}{2}$（分），つまり，１分＋$(\frac{1}{2}\times60)$秒＝１分 30 秒

［５］

⑴　６年生の男子と女子の人数の比は，$\frac{4}{7}:(1-\frac{4}{7})=\frac{4}{7}:\frac{3}{7}=4:3$ となる。

⑵　女子の人数と全体の人数の $\frac{1}{5}$ との差は，全体の人数の $\frac{3}{7}-\frac{1}{5}=$ ① $\frac{8}{35}$ である。

よって，全体の人数は $24\div\frac{8}{35}=105$（人）だから，男子の人数は，$105\times\frac{4}{7}=$ ② 60（人）となる。

［６］　**【解き方】交換のルールをまとめると右表のようになる。**

**○が１枚１円の価値があるとすると，△は $1\times2=2$（円），□は $2\times3\div2=3$（円），☆は $3\times3+2=11$（円）の価値があることになる。ただし，$1+2=3$ だからといって，○×１と△×１で□×１に交換することはできないことに注意する。**

＜交換のルール＞

| | | | |
|---|---|---|---|
| ① | ○×２ | → | △×１ |
| ② | △×３ | → | □×２ |
| ③ | □×３＋△×１ | → | ☆×１ |

各コインの価値

| | |
|---|---|
| ○ | １円 |
| △ | ２円 |
| □ | ３円 |
| ☆ | 11 円 |

⑴　□×６の価値は $3\times6=18$（円）だから，○が 18 枚あればよい。

交換のルール①，②から，○×18 を□×６にすることはできる。

⑵　☆×２の価値は $11\times2=22$（円）だから，△が $22\div2=$ ① 11（枚）あればよい。

交換のルール②，③から，△×11 を☆×２にすることはできる。

○×200 の価値は 200 円だから，$200\div11=18$ 余り２より，☆を ② 18（枚）つくることができる。

交換のルール①，②，③から，この交換は可能である。

⑶　**【解き方】○×６，△×２，□×１の価値の合計は，６＋２×２＋３＝13(円)で，☆の価値は11円だから，価値の総額は13と11の公倍数になる。**

☆の最も少ない枚数を求めるので，価値の総額が13と11の最小公倍数の13×11＝143(円)になればよい。

○，△，□がそれぞれ６×11＝66(枚)，２×11＝22(枚)，１×11＝11(枚)あれば，☆が13枚つくれると考えられるが，念のため実際の交換の過程を確認する。

○×66は△が66÷２＝33(枚)になるので，△は計22＋33＝55(枚)となる。□を使い切るために□の枚数を３の倍数にしたいので，□を４枚つくるために△の $4\times\frac{3}{2}=6$ (枚)を□の４枚に交換する。すると，△が55－６＝49(枚)，□が11＋４＝15(枚)となる。□×15と△×５から☆×５をつくり，残った△の49－５＝44(枚)から☆が $44\times\frac{2}{11}=$ ８(枚)できる。よって，確かに☆を５＋８＝13(枚)つくることができる。

# 敬愛中学校

## 《国　語》

【一】問一．ⓐ変異　ⓑあいま　ⓒ金属　ⓓ焼　ⓔかてい　　問二．ともに南を向いて東西に並び立っている
問三．A．ウ　B．エ　C．ア　　問四．②イ　④エ　⑤ア　　問五．ⅰ．豪族　ⅱ．天皇
ⅲ．壮大〔別解〕壮麗　　問六．ウ　　問七．Ⅰ．カ　Ⅱ．キ　Ⅲ．イ

【二】問一．ⓐねいろ　ⓑ形相　ⓒ増　ⓓ反応　ⓔめくば　　問二．五　　問三．A．イ　B．ウ　C．ア
問四．イ　　問五．エ　　問六．エ　　問七．だれにどう思われても、みんなが自分をつらぬいていること。
問八．ウ

【三】問一．①りっしんべん　②ふるとり　　問二．①四　②一　　問三．イ

【四】〈作文のポイント〉
・最初に自分の主張、立場を明確に決め、その内容に沿って書いていく。
・わかりやすい表現を心がける。自信のない表現や漢字は使わない。
さらにくわしい作文の書き方・作文例はこちら！→
https://kyoei-syuppan.net/mobile/files/sakupo.html

## 《算　数》

［1］　(1)26　(2)1　(3)$\frac{1}{6}$　(4)$\frac{2}{3}$　(5)2　(6)50.24　(7)4　(8)㋐50　㋑160

［2］　(1)㋐7.1　㋑8　(2)①お　②え　(3)考え方や式…国語と算数の合計点の和は変わらないので，71＋75＝146
146÷２＝73　国語は２点上がり，算数が２点下がればいいので，当てはまるのはＥさんである。　答…Ｅ

［3］　(1)12　(2)10　(3)$1\frac{3}{5}$

［4］　(1)ア．360　イ．6　ウ．30　エ．$\frac{1}{2}$　(2)180　(3)22

［5］　ア．和　イ．最小公倍数　ウ．2700　エ．2100

［6］　(1)3　(2)24　(3)5

## 《理　科》

1　(1)①ウ　②イ　(2)＋　(3)直列　(4)イ　(5)エ　(6)カ，ク　(7)ウ　(8)同じ重さの車で速さを比べるため。
(9)長い時間動き続ける

2　(1)A，D　(2)ＢＴＢ溶液を青色に変える　(3)B　(4)混ぜた２つの水溶液が性質を打ち消しあったため
(5)名前…二酸化炭素　性質…石灰水を白くにごらせる　(6)集め方…水上置換法　体積…84.5　(7)33.3
(8)１円玉

3　(1)あ．消化　い．消化管　う．酸素　え．二酸化炭素　お．呼吸　(2)イ
(3)［記号／名前］　①［Ｅ／小腸］　②［Ｆ／大腸］　③［Ｃ／肝臓］　(4)①ｂ　②ｄ

4　(1)①イ　②イ　(2)化石　(3)2　(4)①イ　②イ　③ア　(5)カ　(6)①ア　②イ

## 《社　会》

［1］　問1．(1)ウ　(2)イ　　問2．地熱　　問3．(1)A．琵琶　B．利根　C．千島海流〔別解〕親潮　(2)記号…イ　県名…石川　(3)ア　(4)ア　　問4．イ　　問5．エ　　問6．ウ　　問7．ゴミを分別して捨てること。

〔別解〕フードロスをなくすこと。(下線部は食品でもよい)

［2］　問1．ウ　　問2．エ　　問3．イ　　問4．国分寺　　問5．イ　　問6．ウ　　問7．ア　　問8．ア

問9．エ　　問10．(フランシスコ＝)ザビエル　　問11．イ　　問12．外様大名　　問13．ウ

問14．あ→う→い

［3］　問1．(1)条例　(2)イ　　問2．ウ　　問3．騒音を心配せずに　　問4．ア　　問5．体の不自由な人や目が見えない人などの基本的人権を守るため。　　問6．イ　　問7．寝殿造　　問8．平和主義　　問9．イ

問10．ア　　問11．ウ　　問12．エ　　問13．殖産興業〔別解〕富国強兵　　問14．④

## 《適性試験》

1　問1．火を使わないので，山火事になる危険性が少ないです　　問2．天気が悪いと使えない(下線部は日光が当たらないでもよい)　　問3．右図

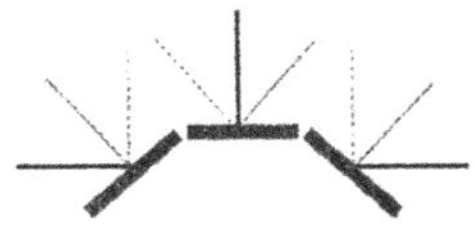

2　問1．エ　　問2．ウ　　問3．参加国・選手数はあまり増えていないのに，北京大会ではたくさんの費用がかかったので，それ以降の大会は運営費用を節約するようになった。

3　問1．2500円　　問2．1か月あたりの機種代金は90000÷24＝3750(円)，基本料金は2000×(1－0.2)＝1600(円)なので，1か月の料金は，3750＋1600－1000＝4350(円)である。

問3．料金プランSとMの1か月あたりの基本料金の違いは，3000×(1－0.2)－2000×(1－0.2)＝800(円)である。料金プランSは1回の通話で$8\times\frac{60}{10}$＝48(円)かかり，料金プランMは何回通話しても無料だから，800÷48＝16余り32より，料金プランMを選んだほうが安くなるのは，通話の合計時間が17分以上のときである。

**【算数分野の解説】**

3　**問1**　24回で60000円を払うので，1回あたりの機種料金は，60000÷24＝2500(円)

**問2**　基本料金が20%割引になるので，機種料金も20%割引してしまわないように気を付ける。

**問3**　1回の通話が1分であること，つまり，料金プランMなら1回の通話でかかる通話料金が無料になることに注意して，「料金プランSとMの1か月あたりの基本料金の違い」→「1回(1分)の通話でかかる通話料金の差」→「料金プランMを選んだほうが安くなる通話時間」の順で求める。

## 《作　文》

〈作文のポイント〉

・最初に自分の主張、立場を明確に決め、その内容に沿って書いていく。

・わかりやすい表現を心がける。自信のない表現や漢字は使わない。

さらにくわしい作文の書き方・作文例はこちら！→

https://kyoei-syuppan.net/mobile/files/sakupo.html

**←解答例は前のページにありますので，そちらをご覧ください。**

［１］

⑴　与式＝15－４＋15＝11＋15＝26

⑵　与式＝７－４－(14－４÷２)÷６＝３－(14－２)÷６＝３－12÷６＝３－２＝１

⑶　与式$=\frac{9}{12}-\frac{5}{12}-\frac{2}{12}=\frac{2}{12}=\frac{1}{6}$

⑷　与式$=\frac{5}{4}\div\frac{35}{8}\div\frac{3}{7}=\frac{5}{4}\times\frac{8}{35}\times\frac{7}{3}=\frac{2}{3}$

⑸　与式＝0.75＋1.25＝２

⑹　かげをつけている部分は，半径が８cmの半円から，半径が４cmの円を取り除いた形なので，

面積は，８×８×3.14÷２－４×４×3.14＝(32－16)×3.14＝50.24(cm²)

⑺　定価から2000－1200＝800(円)引かれているので，定価の$\frac{800}{2000}\times10=4$(割引き)である。

⑻　右のように記号をおく。時計回りに20°回転しているので，角ＢＡＤ＝20°

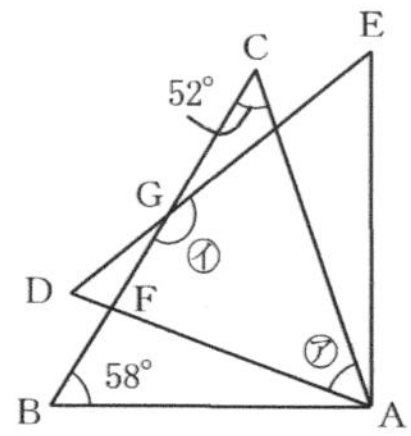


三角形ＡＢＣの内角の和より，角ＢＡＣ＝180°－58°－52°＝70°

よって，角⑦＝70°－20°＝50°

三角形ＡＢＣと三角形ＡＤＥは合同だから，角ＡＤＥ＝角ＡＢＣ＝58°

三角形の１つの外角は，これととなりあわない２つの内角の和に等しいから，

三角形ＡＢＦについて，角ＡＦＧ＝58°＋20°＝78°，三角形ＤＦＧについて，角ＤＧＦ＝78°－58°＝20°

よって，角①＝180°－20°＝160°

［２］

⑴　**【解き方】(平均点)＝(合計点)÷(人数)，(合計点)＝(平均点)×(人数)で求められる。**

国語の平均点は，⑦＝(５＋８＋10＋８＋３＋10＋４＋６＋９＋８)÷10＝71÷10＝7.1(点)

算数の合計点は7.5×10＝75(点)だから，①＝75－(10＋９＋７＋９＋５＋８＋６＋７＋６)＝75－67＝８(点)

⑵　国語は，３～４点が２人，５～６点が２人，７～８点が３人，９～10点が３人いる。

算数は，３～４点が０人，５～６点が３人，７～８点が４人，９～10点が３人いる。

よって，国語は「お」，算数は「え」のグラフとなる。

⑶　国語と算数の点数が入れかわっても，国語と算数の合計点は変わらないことに注目して考える。

［３］

**【解き方】円周率を用いた計算をするときは，と中までは円周率を計算せずに残しておくと，計算が楽になることが多い。**

⑴　Ａの容積は，１×１×3.14×20＝20×3.14(cm³)　　Ｃの容積は，４×４×3.14×15＝240×3.14(cm³)

よって，Ｃの容積はＡの容積の，$\frac{240\times3.14}{20\times3.14}=12$(倍)である。

⑵　Ｂの容積は，２×２×3.14×10＝40×3.14(cm³)

Ａ４杯分とＢ２杯分の水は全部で，20×3.14×４＋40×3.14×２＝(80＋80)×3.14＝160×3.14(cm³)

Ｃの底面積は４×４×3.14＝16×3.14(cm²)だから，求める高さは，$\frac{160\times3.14}{16\times3.14}=10$(cm)

⑶　Ｃに８cmまで水を入れるのに必要な水の量は，16×3.14×８＝128×3.14(cm³)

Ｂの$2\frac{2}{5}=\frac{12}{5}$(杯分)の水の量は，$40\times3.14\times\frac{12}{5}=96\times3.14$(cm³)

よって，残りの必要な水の量は，128×3.14－96×3.14＝32×3.14(cm³)だから，Aの$\frac{32\times3.14}{20\times3.14}=\frac{8}{5}=1\frac{3}{5}$(杯分)の水を入れることになる。

［4］

⑴　時計の長針は，１時間＝60 分に$_ア$<u>360°</u> 進む(１回転する)ので，１分間に 360°÷60＝$_イ$<u>6°</u> 進む。短針は 12 時間に 360° 進む(１回転する)ので，１時間＝60 分に 360°÷12＝$_ウ$<u>30°</u> 進む。よって，１分間に 30°÷60＝$_エ$<u>$\frac{1}{2}$°</u> 進む。

⑵　**【解き方】⑴より，１分間で，長針は短針より６°－$\frac{1}{2}$°＝$\frac{11}{2}$°多く進む。**

３時の時点で，短針は長針より，30°×３＝90° 進んだ位置にいる。よって，求める時刻は，３時から 90÷$\frac{11}{2}$＝$\frac{180}{11}$(分後)の３時$\frac{180}{11}$分である。

⑶　**【解き方】長針が短針より，何回多く回転したのかを考える。**

考えやすくするために，まずは０時ちょうどから次の日の０時までの 24 時間を考えると，長針はちょうど 24 回転，短針はちょうど２回転するから，長針のほうがちょうど 24－２＝22(回転)多く回転する。

長針と短針が重なる回数は，０時の時点を１回目として，そこから，長針が短針より１回転多く回転するごとに１回重なるから，０時ちょうどから次の日の０時までに，１＋22＝23(回)重なる。

23 回目は次の０時だから，０時ちょうどから 23 時 59 分までに，長針と短針は 22 回重なる。

［5］

兄が弟に 500 円をあげても，２人のおこづかいの金額の$_ア$<u>和</u>は変わらない。

はじめのおこづかいの金額の比は９：７なので，比の数の和は 16 である。

500 円あげた後のおこづかいの金額の比は 11：13 なので，比の数の和は 24 である。

16 と 24 の$_イ$<u>最小公倍数</u>は 48 なので，２人のおこづかいの合計金額を㊽として考える。

兄のはじめのおこづかいの金額は㊽×$\frac{9}{16}$＝㉗，500 円あげた後のおこづかいの金額は㊽×$\frac{11}{24}$＝㉒だから，㉗－㉒＝⑤が 500 円にあたる。よって，はじめに兄は 500×$\frac{㉗}{⑤}$＝$_ウ$<u>2700</u>(円)持っていたことがわかるので，弟は 2700×$\frac{7}{9}$＝$_イ$<u>2100</u>(円)持っていたことになる。

［6］

⑴　７点，３点，２点の的に１回ずつ当たると，得点の合計は，７＋３＋２＝12(点)

よって，７点，３点，２点の的に 48÷12＝４(回)ずつ当てたことがわかるので，外れたのは 15－３×４＝３(回)

⑵　**【解き方】７点，３点，２点の的をそれぞれ２回，３回，１回ずつ当てることを１セットとして考える。**

１セットの得点の合計は７×２＋３×３＋２＝25(点)だから，100÷25＝４(セット)で 100 点となる。

よって，投げたボールがすべて的に当たったと考えると，求める回数は，(２＋３＋１)×４＝24(回)

⑶　７点，３点，２点の的に１回ずつ当てたときの得点を除いた残り５回で当てた得点の合計は，23－12＝11(点)

５回すべて的に当たったとき，得点の合計が 11 点となるのは，２点の的に４回，３点の的に１回当てたときだけである。よって，Cさんは２点の的に１＋４＝５(回)当てたことになる。

## ■ ご使用にあたってのお願い・ご注意

（1）問題文等の非掲載

著作権上の都合により，問題文や図表などの一部を掲載できない場合があります。

誠に申し訳ございませんが，ご了承くださいますようお願いいたします。

（2）過去問における時事性

過去問題集は，学習指導要領の改訂や社会状況の変化，新たな発見などにより，現在とは異なる表記や解説になっている場合があります。過去問の特性上，出題当時のままで出版していますので，あらかじめご了承ください。

（3）配点

学校等から配点が公表されている場合は，記載しています。公表されていない場合は，記載していません。

独自の予想配点は，出題者の意図と異なる場合があり，お客様が学習するうえで誤った判断をしてしまう恐れがあるため記載していません。

（4）無断複製等の禁止

購入された個人のお客様が，ご家庭でご自身またはご家族の学習のためにコピーをすることは可能ですが，それ以外の目的でコピー，スキャン，転載（ブログ，ＳＮＳなどでの公開を含みます）などをすることは法律により禁止されています。学校や学習塾などで，児童生徒のためにコピーをして使用することも法律により禁止されています。

ご不明な点や，違法な疑いのある行為を確認された場合は，弊社までご連絡ください。

（5）けがに注意

この問題集は針を外して使用します。針を外すときは，けがをしないように注意してください。また，表紙カバーや問題用紙の端で手指を傷つけないように十分注意してください。

（6）正誤

制作には万全を期しておりますが，万が一誤りなどがございましたら，弊社までご連絡ください。

なお，誤りが判明した場合は，弊社ウェブサイトの「ご購入者様のページ」に掲載しておりますので，そちらもご確認ください。

## ■ お問い合わせ

解答例，解説，印刷，製本など，問題集発行におけるすべての責任は弊社にあります。

ご不明な点がございましたら，弊社ウェブサイトの「お問い合わせ」フォームよりご連絡ください。迅速に対応いたしますが，営業日の都合で回答に数日を要する場合があります。

ご入力いただいたメールアドレス宛に自動返信メールをお送りしています。自動返信メールが届かない場合は，「よくある質問」の「メールの問い合わせに対し返信がありません。」の項目をご確認ください。

また弊社営業日（平日）は，午前９時から午後５時まで，電話でのお問い合わせも受け付けています。

2025 春

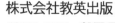

株式会社教英出版
〒422-8054　静岡県静岡市駿河区南安倍３丁目 12-28
TEL　054-288-2131　　FAX　054-288-2133
URL　https://kyoei-syuppan.net/
MAIL　siteform@kyoei-syuppan.net

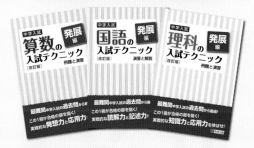

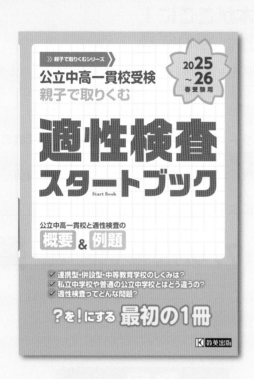

## 神奈川県

①［県立］相模原中等教育学校
　　　　平塚中等教育学校
②［市立］南高等学校附属中学校
③［市立］横浜サイエンスフロンティア高等学校附属中学校
④［市立］川崎高等学校附属中学校
✿⑤聖光学院中学校
✿⑥浅野中学校
⑦洗足学園中学校
⑧法政大学第二中学校
⑨逗子開成中学校（1次）
⑩逗子開成中学校（2・3次）
⑪神奈川大学附属中学校（第1回）
⑫神奈川大学附属中学校（第2・3回）
⑬栄光学園中学校
⑭フェリス女学院中学校

## 新潟県

①［県立］村上中等教育学校
　　　　柏崎翔洋中等教育学校
　　　　燕中等教育学校
　　　　津南中等教育学校
　　　　直江津中等教育学校
　　　　佐渡中等教育学校
②［市立］高志中等教育学校
③新潟第一中学校
④新潟明訓中学校

## 石川県

①［県立］金沢錦丘中学校
②星稜中学校

## 福井県

①［県立］高志中学校

## 山梨県

①山梨英和中学校
②山梨学院中学校
③駿台甲府中学校

## 長野県

①［県立］屋代高等学校附属中学校
　　　　諏訪清陵高等学校附属中学校
②［市立］長野中学校

## 岐阜県

①岐阜東中学校
②鶯谷中学校
③岐阜聖徳学園大学附属中学校

## 静岡県

①［国立］静岡大学教育学部附属中学校
　　　　（静岡・島田・浜松）
②［県立］清水南高等学校中等部
　［県立］浜松西高等学校中等部
　［市立］沼津高等学校中等部
③不二聖心女子学院中学校
④日本大学三島中学校
⑤加藤学園暁秀中学校
⑥星陵中学校
⑦東海大学付属静岡翔洋高等学校中等部
⑧静岡サレジオ中学校
⑨静岡英和女学院中学校
⑩静岡雙葉中学校
⑪静岡聖光学院中学校
⑫静岡学園中学校
⑬静岡大成中学校
⑭城南静岡中学校
⑮静岡北中学校
⑯常葉大学附属常葉中学校
　常葉大学附属橘中学校
　常葉大学附属菊川中学校
⑰藤枝明誠中学校
⑱浜松開誠館中学校
⑲静岡県西遠女子学園中学校
⑳浜松日体中学校
㉑浜松学芸中学校

## 愛知県

①［国立］愛知教育大学附属名古屋中学校
②愛知淑徳中学校
③名古屋経済大学市邨中学校
　名古屋経済大学高蔵中学校
④金城学院中学校
⑤椙山女学園中学校
⑥東海中学校
⑦南山中学校男子部
⑧南山中学校女子部
⑨聖霊中学校
⑩滝中学校
⑪名古屋中学校
⑫大成中学校
⑬愛知中学校
⑭星城中学校
⑮名古屋葵大学中学校
　（名古屋女子大学中学校）
⑯愛知工業大学名電中学校
⑰海陽中等教育学校（特別給費生）
⑱海陽中等教育学校（Ⅰ・Ⅱ）
⑲中部大学春日丘中学校
新刊⑳名古屋国際中学校

## 三重県

①［国立］三重大学教育学部附属中学校
②暁中学校
③海星中学校
④四日市メリノール学院中学校
⑤高田中学校
⑥セントヨゼフ女子学園中学校
⑦三重中学校
⑧皇學館中学校
⑨鈴鹿中等教育学校
⑩津田学園中学校

## 滋賀県

①［国立］滋賀大学教育学部附属中学校
②［県立］河瀬中学校
　　　　守山中学校
　　　　水口東中学校

## 京都府

①［国立］京都教育大学附属桃山中学校
②［府立］洛北高等学校附属中学校
③［府立］園部高等学校附属中学校
④［府立］福知山高等学校附属中学校
⑤［府立］南陽高等学校附属中学校
⑥［市立］西京高等学校附属中学校
⑦同志社中学校
⑧洛星中学校
⑨洛南高等学校附属中学校
⑩立命館中学校
⑪同志社国際中学校
⑫同志社女子中学校（前期日程）
⑬同志社女子中学校（後期日程）

## 大阪府

①［国立］大阪教育大学附属天王寺中学校
②［国立］大阪教育大学附属平野中学校
③［国立］大阪教育大学附属池田中学校

④[府立]富田林中学校
⑤[府立]咲くやこの花中学校
⑥[府立]水都国際中学校
⑦清風中学校
⑧高槻中学校（A日程）
⑨高槻中学校（B日程）
⑩明星中学校
⑪大阪女学院中学校
⑫大谷中学校
⑬四天王寺中学校
⑭帝塚山学院中学校
⑮大阪国際中学校
⑯大阪桐蔭中学校
⑰開明中学校
⑱関西大学第一中学校
⑲近畿大学附属中学校
⑳金蘭千里中学校
㉑金光八尾中学校
㉒清風南海中学校
㉓帝塚山学院泉ヶ丘中学校
㉔同志社香里中学校
㉕初芝立命館中学校
㉖関西大学中等部
㉗大阪星光学院中学校

## 兵庫県

①[国立]神戸大学附属中等教育学校
②[県立]兵庫県立大学附属中学校
③雲雀丘学園中学校
④関西学院中学部
⑤神戸女学院中学部
⑥甲陽学院中学校
⑦甲南中学校
⑧甲南女子中学校
⑨灘中学校
⑩親和中学校
⑪神戸海星女子学院中学校
⑫滝川中学校
⑬啓明学院中学校
⑭三田学園中学校
⑮淳心学院中学校
⑯仁川学院中学校
⑰六甲学院中学校
⑱須磨学園中学校(第1回入試)
⑲須磨学園中学校(第2回入試)
⑳須磨学園中学校(第3回入試)
㉑白陵中学校
㉒夙川中学校

## 奈良県

①[国立]奈良女子大学附属中等教育学校
②[国立]奈良教育大学附属中学校
③[県立]国際中学校／青翔中学校
④[市立]一条高等学校附属中学校
⑤帝塚山中学校
⑥東大寺学園中学校
⑦奈良学園中学校
⑧西大和学園中学校

## 和歌山県

①[県立]古佐田丘中学校／向陽中学校／桐蔭中学校／日高高等学校附属中学校／田辺中学校
②智辯学園和歌山中学校
③近畿大学附属和歌山中学校
④開智中学校

## 岡山県

①[県立]岡山操山中学校
②[県立]倉敷天城中学校
③[県立]岡山大安寺中等教育学校
④[県立]津山中学校
⑤岡山中学校
⑥清心中学校
⑦岡山白陵中学校
⑧金光学園中学校
⑨就実中学校
⑩岡山理科大学附属中学校
⑪山陽学園中学校

## 広島県

①[国立]広島大学附属中学校
②[国立]広島大学附属福山中学校
③[県立]広島中学校
④[県立]三次中学校
⑤[県立]広島叡智学園中学校
⑥[市立]広島中等教育学校
⑦[市立]福山中学校
⑧広島学院中学校
⑨広島女学院中学校
⑩修道中学校
⑪崇徳中学校
⑫比治山女子中学校
⑬福山暁の星女子中学校
⑭安田女子中学校
⑮広島なぎさ中学校
⑯広島城北中学校
⑰近畿大学附属広島中学校福山校
⑱盈進中学校
⑲如水館中学校
⑳ノートルダム清心中学校
㉑銀河学院中学校
㉒近畿大学附属広島中学校東広島校
㉓AICJ中学校
㉔広島国際学院中学校
㉕広島修道大学ひろしま協創中学校

## 山口県

①[県立]下関中等教育学校／高森みどり中学校
②野田学園中学校

## 徳島県

①[県立]富岡東中学校／川島中学校／城ノ内中等教育学校
②徳島文理中学校

## 香川県

①大手前丸亀中学校
②香川誠陵中学校

## 愛媛県

①[県立]今治東中等教育学校／松山西中等教育学校
②愛光中学校
③済美平成中等教育学校
④新田青雲中等教育学校

## 高知県

①[県立]安芸中学校／高知国際中学校／中村中学校

## 福岡県

①[国立]福岡教育大学附属中学校（福岡·小倉·久留米）
②[県立]育徳館中学校
門司学園中学校
宗像中学校
嘉穂高等学校附属中学校
輝翔館中等教育学校
③西南学院中学校
④上智福岡中学校
⑤福岡女学院中学校
⑥福岡雙葉中学校
⑦照曜館中学校
⑧筑紫女学園中学校
⑨敬愛中学校
⑩久留米大学附設中学校
⑪飯塚日新館中学校
⑫明治学園中学校
⑬小倉日新館中学校
⑭久留米信愛中学校
⑮中村学園女子中学校
⑯福岡大学附属大濠中学校
⑰筑陽学園中学校
⑱九州国際大学付属中学校
⑲博多女子中学校
⑳東福岡自彊館中学校
㉑八女学院中学校

## 佐賀県

①[県立]香楠中学校
致遠館中学校
唐津東中学校
武雄青陵中学校
②弘学館中学校
③東明館中学校
④佐賀清和中学校
⑤成穎中学校
⑥早稲田佐賀中学校

## 長崎県

①[県立]長崎東中学校
佐世保北中学校
諫早高等学校附属中学校
②青雲中学校
③長崎南山中学校
④長崎日本大学中学校
⑤海星中学校

## 熊本県

①[県立]玉名高等学校附属中学校
宇土中学校
八代中学校
②真和中学校
③九州学院中学校
④ルーテル学院中学校
⑤熊本信愛女学院中学校
⑥熊本マリスト学園中学校
⑦熊本学園大学付属中学校

## 大分県

①[県立]大分豊府中学校
②岩田中学校

## 宮崎県

①[県立]五ヶ瀬中等教育学校
②[県立]宮崎西高等学校附属中学校
都城泉ヶ丘高等学校附属中学校
③宮崎日本大学中学校
④日向学院中学校
⑤宮崎第一中学校

## 鹿児島県

①[県立]楠隼中学校
②[市立]鹿児島玉龍中学校
③鹿児島修学館中学校
④ラ・サール中学校
⑤志學館中等部

## 沖縄県

①[県立]与勝緑が丘中学校
開邦中学校
球陽中学校
名護高等学校附属桜中学校

# もっと過去問シリーズ

## 北海道

北嶺中学校
7年分(算数・理科・社会)

## 静岡県

静岡大学教育学部附属中学校
(静岡·島田·浜松)
10年分(算数)

## 愛知県

愛知淑徳中学校
7年分(算数・理科・社会)
東海中学校
7年分(算数・理科・社会)
南山中学校男子部
7年分(算数・理科・社会)
南山中学校女子部
7年分(算数・理科・社会)
滝中学校
7年分(算数・理科・社会)
名古屋中学校
7年分(算数・理科・社会)

## 岡山県

岡山白陵中学校
7年分(算数・理科)

## 広島県

広島大学附属中学校
7年分(算数・理科・社会)
広島大学附属福山中学校
7年分(算数・理科・社会)
広島学院中学校
7年分(算数・理科・社会)
広島女学院中学校
7年分(算数・理科・社会)
修道中学校
7年分(算数・理科・社会)
ノートルダム清心中学校
7年分(算数・理科・社会)

## 愛媛県

愛光中学校
7年分(算数・理科・社会)

## 福岡県

福岡教育大学附属中学校
(福岡·小倉·久留米)
7年分(算数・理科・社会)
西南学院中学校
7年分(算数・理科・社会)
久留米大学附設中学校
7年分(算数・理科・社会)
福岡大学附属大濠中学校
7年分(算数・理科・社会)

## 佐賀県

早稲田佐賀中学校
7年分(算数・理科・社会)

## 長崎県

青雲中学校
7年分(算数・理科・社会)

## 鹿児島県

ラ·サール中学校
7年分(算数・理科・社会)

※もっと過去問シリーズは
国語の収録はありません。

教英出版
〒422-8054
静岡県静岡市駿河区南安倍3丁目12−28
TEL 054-288-2131
FAX 054-288-2133
詳しくは教英出版で検索
教英出版 検索
URL https://kyoei-syuppan.net/

# 敬 愛 中 学 校

2024年度　一般入学試験問題

# 国　　語

※　受験上の注意

1．問題は 1 ページから 15 ページまであります。制限時間は 50 分です。

2．解答用紙には、受験番号、氏名を忘れずに記入して下さい。

3．各問題とも解答は解答用紙の所定のところへ記入して下さい。

2024(R6) 敬愛中
教英出版

**注意** **字数が指定されている問題は、句読点や記号も一字とします。**

**【一】 次の文章を読んで、あとの問いに答えなさい。**

生物は進化しますから、その過程で新しいⓐ種が生まれ、古い種が絶滅し、そのような種の入れかわりによって地球上の生物が徐々に変化してきました。①これはいわば生物のもつ宿命というべきもので、気の遠くなるような長い時間の中でおきる自然現象です。しかし、ここでとりあげようとしているのはそのような自然現象としての絶滅ではなく、人間によっておこされた絶滅のことです。

哺乳類と鳥類の絶滅を時代ごとにしめした図を見ると、（　X　）以降になって絶滅が驚くほど多くなっていることがわかります（図２－２）。生息地の面積とそこにすめる動物の種類には一定の関係があることが知られています。そのことから、森林がいまのペースで失われるとすると、いくらひかえめにみても一年に二万七〇〇〇種が絶滅するという計算になります。これがいかにべらぼうな数字であるかというと、一日に七四種、一時間に三種が失われるということを意味するのです。この速さは自然現象としての絶滅の数千倍にも相当し、いかに人間の影響がすさまじいかをしめしています。

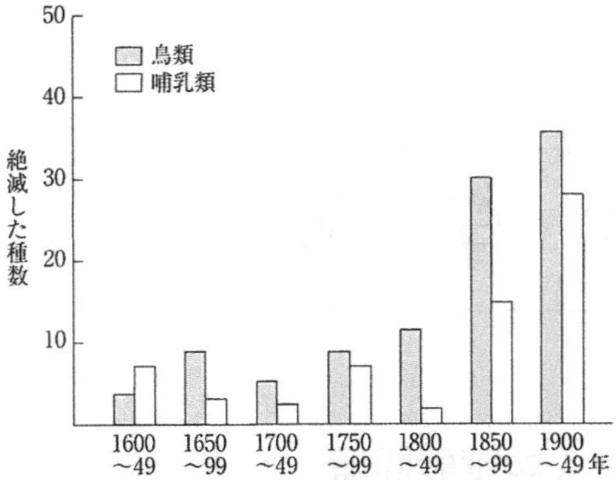

図 2-2　17世紀以降の鳥類と哺乳類の絶滅数の変化（プリマック・小堀洋美『保全生物学のすすめ――生物多様性保全のためのニューサイエンス』文一総合出版，1997より）

しかしよく考えてみると、哺乳類と鳥類は体が大きく目立つグループですから、よく調べられた生物ⓑグンです。魚類、両生類、爬虫類でも同じように絶滅がおきていますが、よく調べられていないので、どのていどの絶滅がおきているのかさえわかっていません。まして、動物の種数でいうと圧倒的な多数派である昆虫では、いまでもつぎつぎに新しい種が発見されているという状態で、熱帯林にはどれだけの昆虫がいるかさえわかっていません。
ウィルソンという有名な生物学者は、現在知られている種だけでも一四〇万種いると書きながら、昆虫などの節足動物について「現在までに学名のついている種は九七万五〇〇〇あるが、じっさいにはそんな数ではきかない。(中略)熱帯林の中だけでも節足動物は三〇〇〇万種、その大部分が昆虫である」とつづけ、「生きとし生けるものの総数は一〇〇〇万種から一億種の間とみられている」と、はなはだ②おおざっぱな推定をしています(ウィルソン『生命の多様性Ⅰ・Ⅱ』、大貫昌子・牧野俊一訳、岩波書店、一九九五年)。その昆虫はとりわけ熱帯の森林に種類が多いのですが、熱帯林は近年ものすごい勢いで破壊(はかい)されています。そのため、記録されないまま絶滅していく生物もたくさんいるといわれています。
絶滅というのは最後の一頭が地上からいなくなることであり、そうなったらいかなる方法をもってしてもふたたびその種がこの世にもどってくることがない、ということです。時代により、宗教により、国により、人と野生動物のあいだにはさまざまな事情があります。しかし、どのような事情があっても生物を絶滅させるということはⓒユルされないことです。
この節のおさらいをしておきましょう。野生動物は気の遠くなるような長い時代を生き抜いてきた歴史的存在であるということ、それがこの一五〇年のあいだにこれまでまったく経験したことのないスピードで絶滅しており、その原因がわれわれ人間の活動にあるということです。
(……中略……)
さまざまな原因があって動植物の絶滅がおきていることを紹介(しょうかい)しましたが、そのすべての根源となっているのは、ほかでもありません、人間の増えすぎです。( A )どのくらい増えているのでしょうか。人口の変化をみると、さまざまな国で増減があり、たとえばⓓ中世のヨーロッパでペストが猛威(もうい)をふるって人口が減ったことなどもありましたが、長い目で見ればそれは微々(びび)たる変化にすぎません。なんといっても二〇世紀以降の増加には驚かずにはいられません。それまでの増加をゆるい坂にたとえれば、二〇世紀以降の増加は絶壁のように急です。

人口が増えれば食料、つまり動植物が必要です。住居も必要であり、燃料も必要です。人が住むためには木であれ、石であれ、資源が必要です。それに水が必要で、川の流れや池や湖が変形されることになります。つまり、人が住むと森林が伐採され、動植物が殺され、川や湖などが改造されるのです。

それも、地球全体の人口が数千万人であったうちは、それほどでもありませんでした。せいぜい斧で木を切り、弓矢で動物を狩るていどでは、自然のパワーがあまりに大きくて、人間の影響はそれに飲みこまれてしまうほど小さいものでした。（　B　）人類の歴史からすればほとんど昨日といっていいほど最近まで、人間と自然は③そのような関係にあったのです。

（　C　）、産業革命などによって人間のもつ技術力が飛躍的に大きくなると、破壊のていどがそれまでの地球にないものとなりました。巨大な機械や、速い移動力をもつⓔノりものや、大量の物資を移動できる船舶などの出現は、自然と人間との力関係を逆転するほどのパワーをもつようになりました。野生動物の絶滅にとっていちばん大きな問題は、せんじつめれば（　Y　）問題といえるほどです。

（高槻成紀『野生動物と共存できるか　保全生態学入門』岩波ジュニア新書）

（注）べらぼうな……程度が並はずれていること。
**節足動物**……左右対称で、節のある脚をもち、外皮の硬い動物。
**ペスト**……急性の伝染性感染症。
**せんじつめれば**……行き着くところまで論じきわめれば。

**問一**　══線部ⓐ～ⓔのカタカナは漢字に直し、漢字は読みをひらがなで答えなさい。

問二 （ A ）～（ C ）に当てはまる言葉として最も適当なものを次のア～エから選び、それぞれ記号で答えなさい（ただし、同じ記号は一度しか使ってはいけません）。

ア ところが　イ だから　ウ そして　エ では

問三 ――線部①「これ」の指す内容を三十字以内で答えなさい。

問四 （ X ）に当てはまる言葉として最も適当なものを次のア～エから一つ選び、記号で答えなさい。

ア 一八世紀初め　イ 一八世紀半ば　ウ 一九世紀初め　エ 一九世紀半ば

問五 ――線部②「おおざっぱな」の本文中における意味として最も適当なものを次のア～エから一つ選び、記号で答えなさい。

ア 細かい点までは注意を払わないさま　イ 内容が微細・細部にわたるさま

ウ 物事の規模や程度が大きいさま　エ 空間が開けてゆとりのあるさま

問六 ――線部③「そのような関係」とはどのような関係ですか。最も適当なものを次のア～エから選び、記号で答えなさい。

ア 広大な自然のパワーにより、人間が被害を受ける関係

イ 強大な自然の力に、人間の力が及ばない関係

ウ 自然が大きすぎて、人間の存在が脅かされてしまう関係

エ 自然の影響力がありあまり、人間の技術力が妨げられる関係

問七 （ Y ）に当てはまる言葉として適当なものを本文の「（……中略……）」より後の部分から漢字二字でぬき出して答えなさい。

**問八**　本文の内容として**適当でないもの**を次の**ア**～**エ**から一つ選び、記号で答えなさい。

**ア**　筆者は、長い時代を生き抜いてきた生物の種が、自然にとはいえ絶滅していくことを問題視している。

**イ**　人間の影響によって現在の速度で森林が失われると、一年間に並外れた数の生物が絶滅することになる。

**ウ**　ウィルソンは、昆虫などの節足動物について、現在までに学名のついている種よりじっさいの種がはるかに多いと述べている。

**エ**　生物が絶滅すると、どんな方法でも同じ種の繁殖が見込めないため、人間による種の絶滅は避けなければならない。

【二】　次の文章を読んで、あとの問いに答えなさい。

①久しぶりに、ちゃんとキッチンに立った。
ボウルに割った卵に砂糖を入れ、泡だて器でまぜる。そこに、溶かしバターと牛乳を加える。この時点でもう、甘くていいにおいがした。お菓子を作っているという自分が、信じられなかった。
次に、小麦粉を入れてまぜこむ。ボウルの中で泡だて器をしゃかしゃかと回すその作業は、すごく生産的なことをしている気持ちにさせられた。
フライパンを火にかけてバターを塗り、生地を流し込む。蓋をして、ごく弱火でじっくり蒸し焼きに。あとは状態を見ながら、三十分ほど待てばいいらしい。コンロはひとつしかないけどガスでラッキーだった。うまくいきそうだ。
この狭いキッチンで、こんなに簡単にカステラができるなんて！
すごいじゃん、私。ためらいなく、そう思えた。
私はうきうきしながら両手を握った。手に粉がついている。それを洗うために洗面所に行った。
蛇口をひねり、ふとⓐカガミをのぞく。そこにいる自分の顔を、②まじまじと見た。
カップラーメンやコンビニのⓑ総菜パンばかり食べているせいで、肌がぼろぼろだった。冷蔵庫はすかすかで、とうの昔に賞味期限の切れた調味料が途方に暮れている。寝不足で顔色も悪くて、力が出ないのもあたりまえだった。
食事だけじゃない。床には埃が積もり、窓は汚れでくもっている。洗濯物は部屋干ししたまま、吊り下がっているものを外して直接身に着けるのが習慣になっていた。棚の上には、いろんなものが散乱している。がびがびに固まったネイルの瓶、三カ月前のテレビ雑誌、半年前に思いつきで買ったまま封も開けていないヨガのＤＶＤ。
私は今まで、自分をなんて粗末にしてきたんだろう。口に入れるものや身の回りのものをていねいに扱わないって、自分を雑にするってことだ。桐山くんとは少し違う意味で、③私も「人間らしい生活」をしてきていなかったんじゃないか。
私は手をしっかり洗うと、カステラの焼き上がりを待つ間、ざっと部屋の掃除をした。洗濯物をたたんでしまい、床に掃除機をかける。やりはじめると体が勝手に動いた。こんなこと大仕事だと思っていたのに、狭い部屋は④拍子抜けするほどすぐ片付いた。
見晴らしの良くなったワンルームに、ふんわりと甘いにおいが漂ってきた。キッチンに戻ってカステラの様子を見ると、ガラスの蓋にくっつきそうな勢いで、黄色い生地がふくらみはじめている。
「……すごい！」
思わず歓喜の声を上げる。あの絵みたいに、本当にちゃんとふくらむんだ。
嬉しくなって蓋をあけてみた。ふちはもうすでに、それらしく固まっている。ぷつぷつと気泡のできた中央はまだ半分ほど液状だったので、私はもう一度蓋をした。
私も、少しは人間らしい生活に近づいているかもしれない。そう思うとなんだかほっとした。
壁にもたれて座り、私は⑤『ぐりとぐら』を開いた。
森の奥へと出かけていった、野ねずみのぐりとぐら。

どんぐりを　かごいっぱいひろったら、おさとうをたっぷりいれて、にようね。
くりを　かごいっぱいひろったら、やわらかくゆでて、くりーむにしようね。

ああ、と息がもれた。
ぐりとぐらは、卵を見つけるために森に入ったのではなかった。ましてカステラを作るためでもない。
おそらく彼らが日常的に食べている、どんぐりや栗をⓒヒロいに行っただけだ。いつものように。

そこで思いがけず出会った、大きな大きな卵。

「卵で何が作れるかわかってないと、思いつかない」と沙耶が言っていたのを思い出す。

そうか。そういうことか。

大きな卵と出会ったそのとき、彼らはもうすでに、どこかで習得していたのだ。

カステラの作り方を。

何かつかんだような気がして、ぽんと心が鳴った。

高まる気持ちを抱きながらキッチンに戻る。漂ってくるにおいが、少し香ばしくなっている。

蓋を開け、⑥私はハッと息をのんだ。

ふくらんでいたはずの中央が、くぼんでいる。フライパンからあふれそうな生地の先が真っ黒になっていた。

びっくりして、フライ返しで皿にとった。縦にふくらむのではなく横にでろでろと広がったその物体は、底がすっかり焦げている。フライパンから ⓓ外したとたん、それはさらにぺたりとしぼんでしまった。

「……なにこれ」

端をちぎって食べてみた。ぜんぜんカステラじゃない。ねちねちして、ゴムみたいに固くて。

何がいけなかったんだろう？　レシピどおりのはずだったのに。

やたら甘いだけの不気味なかたまりをもごもごと咀嚼していたら、急におかしくなってきて、ⓔワラってしまった。

悲しい気持ちにはならなかった。愉快だとさえ思った。整った部屋や、流しの中の調理器具が、私をみじめにさせなかったからだ。



2024(R6) 敬愛中
K 教英出版

よし、リベンジ。

⑦これから、習得していけばいい。

（青山美智子『お探し物は図書室まで』）

**（注）ネイル**……爪（つめ）に色をつける化粧品（けしょうひん）のこと。

**桐山くん**……「私」と同じ職場で働いている人。

**『ぐりとぐら』**……子ども向け絵本シリーズの名。

**沙耶**……「私」の友人。

**レシピ**……料理法のこと。

**咀嚼**……食べ物をかみくだくこと。

**問一** ═線部ⓐ〜ⓔのカタカナは漢字に直し、漢字は読みをひらがなで答えなさい。

**問二** ──線部①「久しぶりに、ちゃんとキッチンに立った」とありますが、「私」が「キッチンに立っ」てカステラを作ったときの心情として最も適当なものを次の**ア**〜**エ**から選び、記号で答えなさい。

**ア** 以前にお菓子を作ってから随分（ずいぶん）時間がたっていたので、カステラを作ることを楽しんでいる自分のことが理解できず混乱している。

**イ** 何か意味のあるものを作り出そうとしていることを実感して心が弾（はず）むとともに、カステラを作ることのできている自分を認めたいと思っている。

**ウ** 思っていたよりも簡単にカステラを作ることができたのでとても驚（おどろ）き、もっと早くからチャレンジしておけばよかったと後悔（こうかい）している。

エ　カステラを作ることがとても楽しく充実したものだったので、これから他にも様々なものを作っていきたいという前向きな気持ちになっている。

**問三**　――線部②「まじまじと」、④「拍子抜け」の本文中における意味として最も適当なものを次の**ア**～**エ**から選び、それぞれ記号で答えなさい。

②「まじまじと」

**ア**　何となくぼんやり見る様子　　**イ**　すみからすみまで見渡す様子

**ウ**　興味をもって眺める様子　　**エ**　目を離さないでじっと見る様子

④「拍子抜け」

**ア**　張り合いがなくなること　　**イ**　目的がなくなること

**ウ**　手段がなくなること　　**エ**　とまどいがなくなること

**問四**　――線部③「私も『人間らしい生活』をしてきていなかったんじゃないか」とありますが、どういうことですか。最も適当なものを次の**ア**～**エ**から選び、記号で答えなさい。

**ア**　ものを大切にするという精神を忘れて身の回りのものを乱雑に扱った結果、人間としての優しさを見失ってしまったのではないかということ。

**イ**　日々の食事や身の回りのものに気をつかわない暮らしが、自分自身を大切にしていなかったことになるのではないかということ。

**ウ**　普段使っている道具の整理整頓をせずに散らかった部屋で送る生活は、人として誇ることのできないものだったのではないかということ。

**エ**　忙しく生活しているなかで、カステラ作りを楽しむなどといった心の余裕をすっかり失ってしまったのではないかということ。

問五　――線部⑤『ぐりとぐら』に関する説明として最も適当なものを次のア～エから選び、記号で答えなさい。

ア　ぐりとぐらは、事前にカステラの作り方を知っていたので、卵を見てカステラを作ることを思いつくことができた。

イ　ぐりとぐらは、カステラを作ろうと思って森に入ったので、どんぐりや栗をひろいながら卵を見つけることができた。

ウ　ぐりとぐらは、日常的に卵を食べていたので、大きな卵がカステラにふさわしい材料だと気づくことができた。

エ　ぐりとぐらは、どんぐりと栗の調理方法を知っていたので、その調理方法をカステラ作りに応用することができた。

問六　――線部⑥「私はハッと息をのんだ」とはどういうことですか。四十字以内で説明しなさい。

問七　――線部⑦「これから、習得していけばいい」とありますが、ここに至るまでの「私」について説明したものとして最も適当なものを次のア～エから選び、記号で答えなさい。

ア　カステラをおいしく作ることができなかったので落ち込んだが、部屋を片付けて調理器具を使いやすくしたことから、次に作るカステラは必ず成功すると確信している。

イ　カステラ作りには失敗したものの、カステラを作るなかで少しずつ人間らしさを取り戻すことができたと感じ、改めて挑戦（ちょうせん）しようという意欲がわいている。

ウ　出来上がったカステラの形があまりにも変でおいしくなかったので、自分は一体何を作ってしまったのだろうかと、不思議な気持ちになっている。

エ　上手にカステラを作るという目標は達成できなかったが、途中で諦（あきら）めずに作ることができたので、最後まで取り組んだ自分を誇らしく思っている。

**問八**　本文の内容や表現に関する説明として最も適当なものを次の**ア**～**エ**から選び、記号で答えなさい。

**ア**　前半から後半に向けて文の長さを短くしていくことで、本文全体に軽快なテンポが生まれている。

**イ**　『ぐりとぐら』の内容を用いることで、「私」がぐりとぐらと同じ気持ちであることが示されている。

**ウ**　前向きになっていく「私」の気持ちが、カステラを作る行為を通して描かれている。

**エ**　「私」が自問自答している場面では「　」を用いて、答えを導き出す過程がわかりやすくなるようにしている。

【三】　漢字や言葉について、次の問いに答えなさい。

問一　次の漢字の部首名を答えなさい。

①　芸　②　位

問二　次の慣用句の（　）には数字が入ります。【　】の意味に合うように、それぞれ漢字一字で答えなさい。

①　桃栗(ももくり)三年柿(かき)（　）年
【どんなものにもふさわしい年数がある。】

②　早起きは（　）文の徳
【早起きをするとよいことがある。】

③　（　）聞は一見にしかず
【何回も人から聞くよりも、自分の目で実際に見るほうが確実である。】

【四】 次の文章は塩野七生氏の文章です。これを読んで、あなたの考えを書きなさい。なお、あとの《条件》に従って解答しなさい。

日本滞在中に体験した、「華」が人々をいかに幸せにするかの例を、もう一つあげてみたい。大谷翔平である。
野球選手としてのこの人の非凡な才は、にわか野球ファンの私でもわかる。だがこの若者が、言葉を使っての発信力でもかくも優れていたとは知らなかった。WBCのアメリカとの決勝戦を前にしての、この世界では「声出し」と呼ぶらしい即興のスピーチで彼は、こう言ったという。「憧れるのはやめましょう。ファーストにゴールドシュミットがいたり、センターにはトラウトがいたり、外野にはベッツもいる。野球をやっていれば誰しもが聞いたことのある選手がいると思うけど、憧れてしまっては越えられない。僕らは今日、彼らを越えるために、ここに来た。今日一日だけは彼らへの憧れを捨てて、勝つことだけを考えていきましょう」
これを忠実に英語訳したとして、それを読んだアメリカ人は怒るだろうか。答えはNO。名をあげられた三人が読んでも怒らないだろう。なぜならこのスピーチは、外交的にも傑作に出来ているからである。味方をふるいたたせる最高の手段は、敵にイヤな想いをさせずにそれをやること、につきる。彼はまず、敵は憧れるに値するスター選手たちであることを言う。そしてその後に、野球人ならば誰でも持つこの彼らへの憧れを、今日だけは捨てようとつづける。「だけ」としたのが、このスピーチの最高の妙味。野球一筋で来たにちがいない二十八歳に、よくもここまでの言語センスがあったものだと、それには心底感心した。
そのうえこの若者は、有言実行の人であることまで示す。憧れの人の一人でもあるトラウトを、三振で打ち取ったことで勝利までもぎ取ったのだから。相手のトラウトも、ヤラレタと思うしかなかったろう。
なぜこんな言行が可能であったのかと考えたのだが、行きついたのは「正直」の一言。大谷翔平は、自分自身でも強く感じていた想いを正直に述べただけではなかったか。だからこそ、それを聴いた他の選手たちを、ふるい立たせることに成功したのではなかったか。

ひるがえって考えるに、日本人は久しく、自らの想いを正直に述べることでしか生じない晴れやかな気分を、忘れてしまっていたのではないだろうか。「嘘（うそ）つき」になったのではない。正直でない日常に慣れてしまっていた、ということかもしれない。国会でくり広げられる、与野党（よやとう）間の質疑応答から仕事上の打ち合わせに至るまで、正直な人に出会うのが幸運にさえ思えるようになったのが今の日本。だからわれわれも、「何のために生きるのか」と問うよりも先に、「正直に生きているか」を問うてみてはどうだろうか。

（塩野七生「帰国中に感じたこと」『文藝春秋』二〇二三年六月号）

**（注）非凡**……平凡（へいぼん）でないこと。人並み外れて優れていること。

**ＷＢＣ**……ワールド・ベースボール・クラシックの略。野球の、国・地域別対抗（たいこう）戦。

**妙味**……すぐれた味わい。

**与野党**……与党と野党。政権を担当するのが与党で、野党はそれ以外の政党。

**《条件》**

**１** 題名などを書かないで、本文を一行目から書き始めること。

**２** 二段落構成とし、第一段落では「正直に述べること」についての筆者の考えを述べ、第二段落では、「正直に述べること」に対するあなたの考えを理由と合わせて書くこと。

**３** 全体が筋の通った文章になるようにすること。

**４** 漢字を適切に使い、原稿（げんこう）用紙の正しい使い方に従って十行以上、十二行以内で書くこと。

# 敬 愛 中 学 校

## 2024年度　一般入学試験問題

# 算　　数

※　受験上の注意

1. 問題は 1 ページから 12 ページまであります。制限時間は 50 分です。

2. 解答用紙には、受験番号、氏名を忘れずに記入して下さい。

3. 各問題とも解答は解答用紙の所定のところへ記入して下さい。

[1]　次の□にあてはまる最も簡単な数を書きなさい。

(1)　$33-3\times10+7=$□

(2)　$4\times(98-7\times8)\div14=$□

(3)　$\left(2.25-\frac{3}{8}\right)\div\frac{5}{4}=$□

(4)　100から200までの整数のうち，5の倍数は全部で□個あります。

(5)　ある品物の原価に30％の利益を見込んで定価をつけ，その定価の20％引きで売ると，原価に対して□％の利益が出ます。

(6)　A，B，C，D，Eの5人の身長の平均は120 cmで，A，B，Cの3人の身長の平均は122 cmでした。このとき，D，Eの2人の身長の平均は□cmです。

(7)　下の図のように半径が 8 cm の円があり，点A，B，C，D，E，F，G，H は，円周を 8 等分する点である。

かげをつけた部分の面積の合計は □ $cm^2$ です。

ただし，円周率は 3.14 とします。

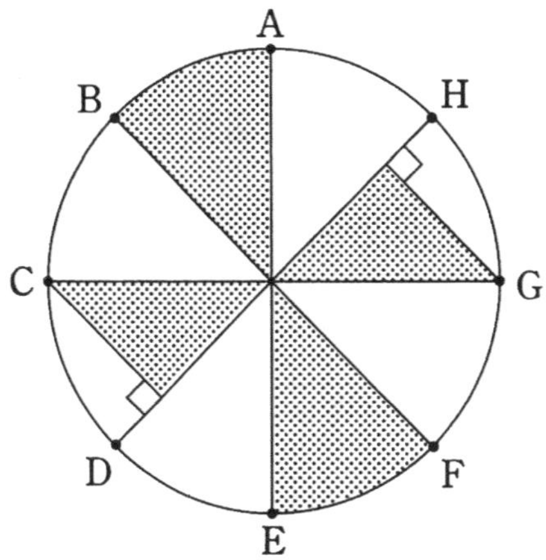


(8)　下の図のように三角形ABCの辺BC上に，ADとCDの長さが同じになるように点Dをとります。

図のⓐの角度は ① °，ⓘの角度は ② ° です。

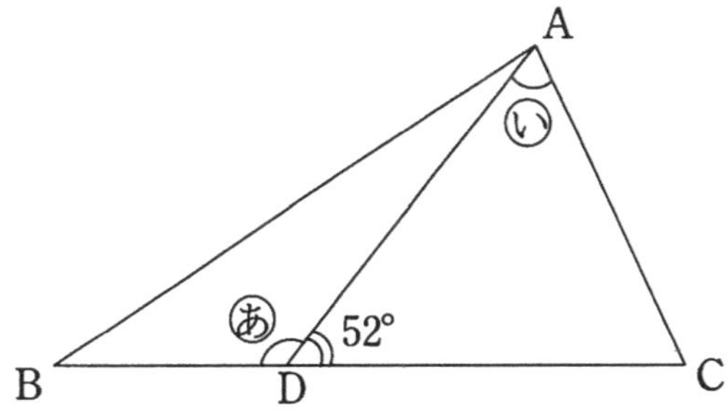

［２］　敬さんと愛さんは，100 km の道のりを歩くイベントに参加しようと考えています。

2 人はそれぞれ次のような作戦を考えました。

敬さん：100 km を同じ速さで歩き 20 時間でゴールを目指す。
愛さん：10 km 歩くごとに 20 分ずつ休憩をしてゴールを目指す。

次の□にあてはまる数を書きなさい。

ただし，(2)，(3)は小数第 2 位を四捨五入し，小数第 1 位まで求めなさい。

(1)　敬さんの作戦で，スタートしてから 20 時間でゴールへ到着するには，時速□km の速さで歩く計算になります。

(2)　愛さんの作戦で，スタートしてから 24 時間でゴールへ到着するには，時速□km の速さで歩く計算になります。

(3)　実際に敬さんはイベントに参加しました。敬さんの作戦通りに歩いていましたが，スタート地点から 70 km 地点で足を痛めてしまい，その場で 30 分休みました。その後，歩く速さを落とし，スタートしてから 24 時間でゴールすることができました。

足を痛めた後，敬さんの歩いた速さは時速□km です。

－ 計 算 用 紙 －

試験問題は次に続きます。

［3］　下の図のような台形ABCDがあります。点PがBを出発して，一定の速さでB→C→D→Aの順に辺上を動きます。このとき，点PがBを出発してからの時間と，点PとAとBを結んでできる三角形の面積の関係は下のグラフのようになります。

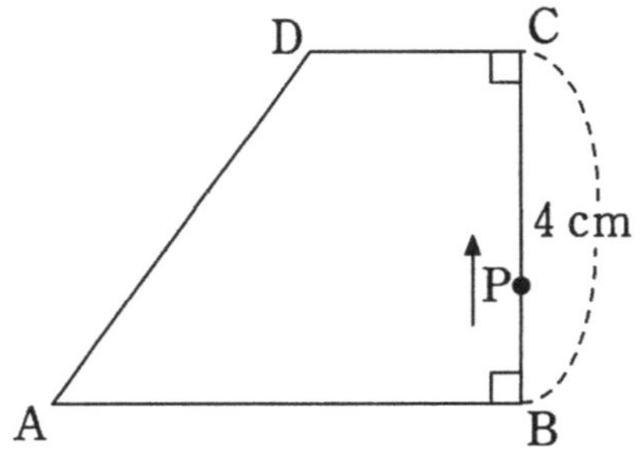


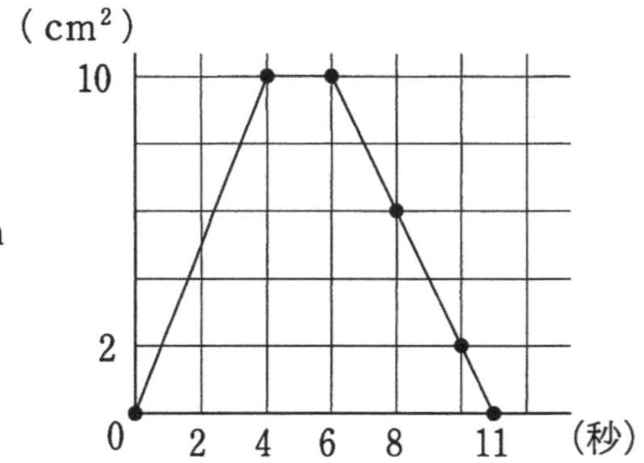


次の［　　］にあてはまる数を書きなさい。

(1)　グラフより点PはBを出発して［①　　］秒後にCにあり，その［②　　］秒後にD，その［③　　］秒後にAにあることがわかります。

(2)　点Pの動く速さは秒速［　　］cmです。

(3)　台形ABCDの周の長さは［　　］cmです。

(4) 三角形PABの面積が2回目に7 $cm^2$ になるのは，点PがBを出発して

□ 秒後です。

［4］　下の図のようなプールがある。ただし，上から10 cmの部分に排水溝（はいすいこう）があり，最大2 mの高さまでしか水を入れることができません。また，上から10cmの部分に給水装置が6台あり，この6台の性能は同じで，6台同時に動かすと，プールが空の状態から2時間で満水にすることができます。

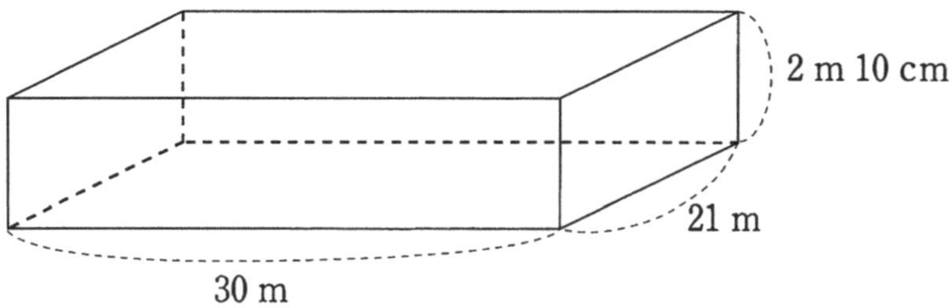


次の［　　］にあてはまる数や記号を書きなさい。

(1)　プールが空の状態から給水を開始すると，4時間で満水になりました。このとき動かした給水装置は［　　］台です。

(2)　下の図のような直方体を組み合わせた階段があり，段の高さや幅（はば）はすべて同じ長さです。この階段の体積は［　　］$m^3$ です。

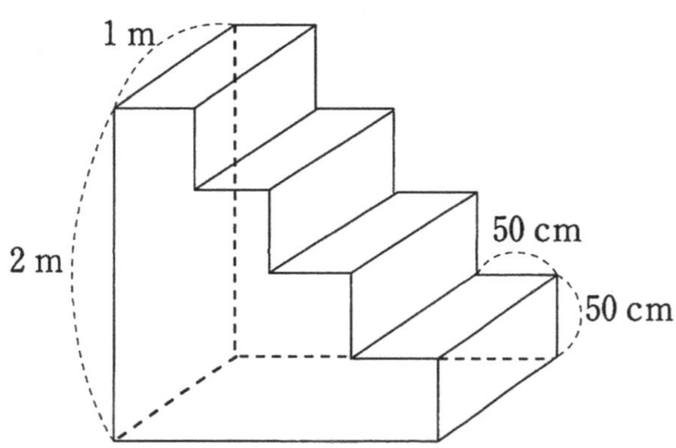

(3)　プールを空にしてから，(2)の階段をプールの中に 4 つ設置しました。その後，給水装置を 6 台使って満水になるまで水を入れました。そのとき，かかった時間と水の高さの関係を表すグラフを次の **ア～エ**の中から 1 つ選ぶと

□ です。

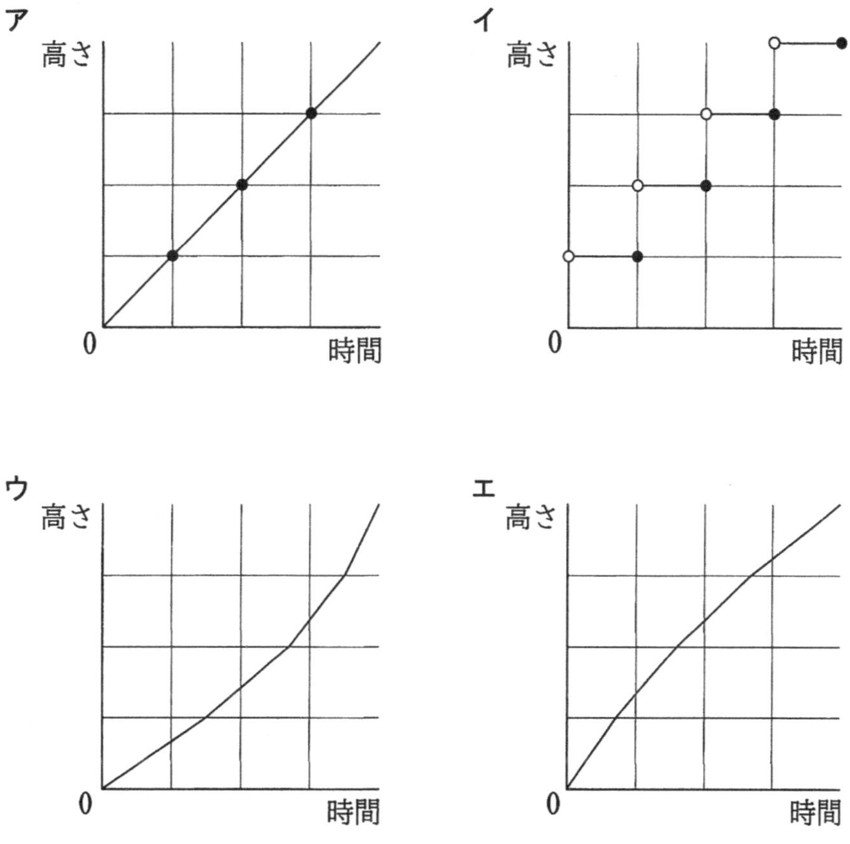

［5］　下の図のように，白い紙を半分にした大きさの赤い紙と，赤い紙を3等分した大きさの青い紙と，青い紙を半分にした大きさの黄色い紙と，黄色い紙を3等分した大きさの緑の紙がある。

次の［　　　］にあてはまる最も簡単な数を書きなさい。

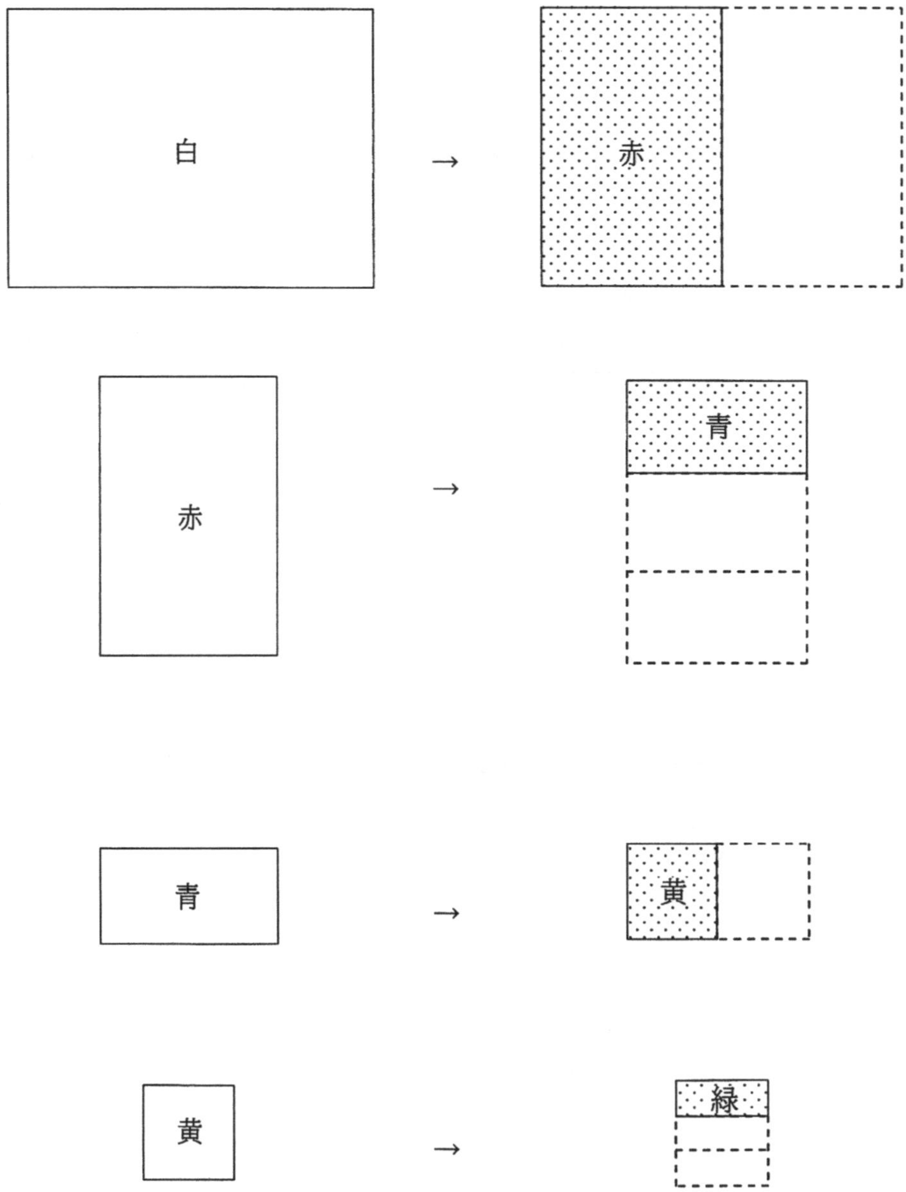

(1)　赤と青の紙の大きさの比は［　　：　　］です。

(2)　緑の紙は白い紙の $\dfrac{1}{\boxed{\phantom{00}}}$ 倍の大きさです。

(3)　赤，青，黄，緑の紙を1枚ずつ白い紙の上に重ならないようにして貼（は）り付けた。このとき，紙が貼られていない部分は白い紙の［①　　］倍の大きさで，緑の紙の［②　　］倍の大きさです。

(4)　赤，青，黄，緑の紙をそれぞれ1枚以上使って，白い紙の上に重ならないように貼り付ける。白い部分が見えなくなるように貼り付けることができる枚数の組み合わせは，全部で［　　］通りあります。

［6］ 同じ長さの棒（ぼう）と同じ大きさの玉を使って，立方体を増やしたものを考えます。

次の □ にあてはまる数を答えなさい。

(1) 下の図のように，横に増やしたものを考えます。

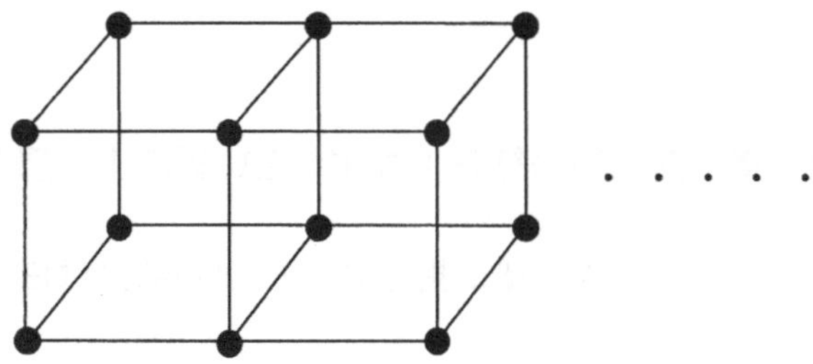

① 立方体が 4 個のとき，必要な玉の個数は □ 個です。

② 立方体が 100 個のとき，必要な棒の本数は □ 本です。

(2) 下の図のように，階段の形に増やしたものを考えます。

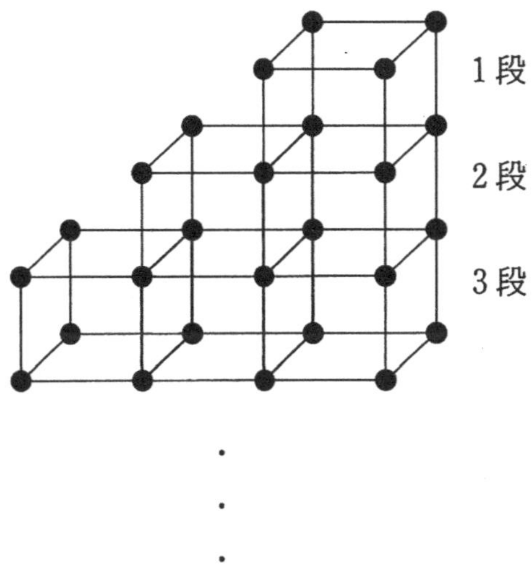


階段が 5 段のとき，必要な玉の個数は ① 個で，

必要な棒の本数は ② 本です。

2024(R6) 敬愛中
K 教英出版

# 敬　愛　中　学　校

## 2024年度　一般入学試験問題

# 理　　　科

※　受験上の注意

1．問題は 1 ページから 9 ページまであります。制限時間は 40 分です。

2．解答用紙には、受験番号、氏名を忘れずに記入して下さい。

3．各問題とも解答は解答用紙の所定のところへ記入して下さい。

1　次の文を読み，各問いに答えなさい。

　ストローに鉄くぎを差しこみ，そのまわりにエナメル線をまいてコイルをつくった。このコイルを**図１**（電池１個），**図２**（電池２個）のように電池とつないで電磁石（でんじしゃく）にし，ゼムクリップを何個引き上げられるかの実験を５回ずつ行った。**表**はその結果をまとめたものである。

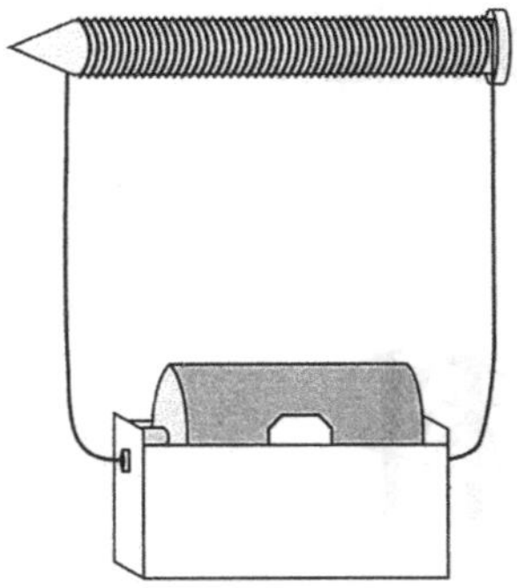

**図１**

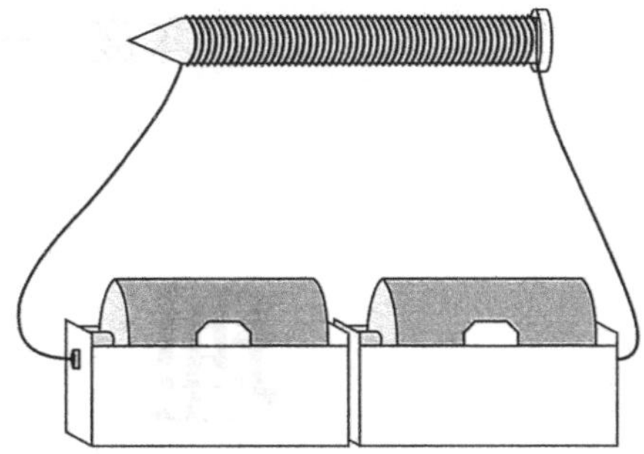

**図２**

| | １回目 | ２回目 | ３回目 | ４回目 | ５回目 | 平均 |
|---|---|---|---|---|---|---|
| **図１**（電池１個） | ６個 | ３個 | ５個 | ７個 | ４個 | （　A　）個 |
| **図２**（電池２個） | 15個 | 16個 | 15個 | 11個 | 13個 | （　B　）個 |

**表**

(1)　エナメル線を電池（電池ホルダー）につなぐとき，エナメル線の表面を紙やすりなどでけずらなければならない。その理由を答えなさい。

(2)　**表**の（　A　），（　B　）に入る平均をそれぞれ答えなさい。

(3)　（　B　）の方が多くなった理由を説明しなさい。ただし，「電流」という言葉を使うこと。

(4) つくった電磁石のどちらが**N**極かを調べるために，方位磁針を用意した。まず，方位磁針の南北をそろえた（**図3**）。その後，電磁石を近づけると，**図4**のように方位磁針の針が動いた。このとき，**N**極になっているのは，**図4**の鉄くぎの**ア**と**イ**のどちらか，答えなさい。

**図3**

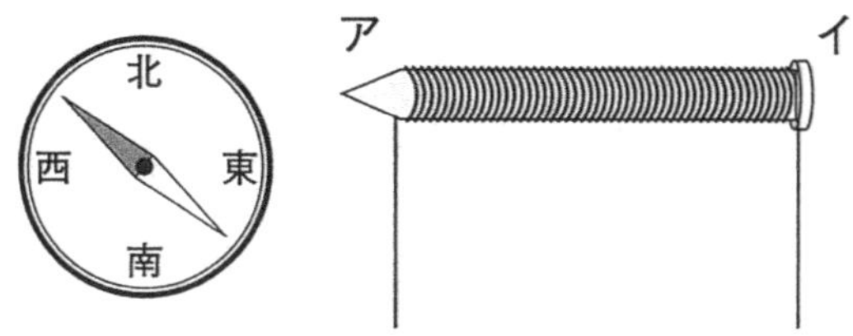


**図4**

(5) 次の**ア**～**オ**のうち，電磁石がゼムクリップを引きつける力が**図1**よりも弱くなるのはどれか。2つ選び，記号で答えなさい。

**ア**　コイルの巻き数を増やして，電池1個とつなぐ。

**イ**　コイルの巻き数を減らして，電池1個とつなぐ。

**ウ**　コイルの巻き数は変えず，電池1個を**図1**とは逆向きにつなぐ。

**エ**　コイルの巻き数は変えず，電池2個を並列つなぎにする。

**オ**　コイルの巻き数は変えず，鉄くぎをぬいたコイルにする。

(6) 次の表は，棒磁石（ぼうじしゃく）と電磁石の性質を比べたものである。（　①　）～（　④　）に当てはまる言葉や文を考え，それぞれ答えなさい。

| | 棒磁石 | 電磁石 |
|---|---|---|
| 鉄を引きつける力 | 常に鉄を引きつける力がある。<br>その力の強さは変わらない。 | （　①　）ときだけ鉄を引きつける力がある。<br>その力の強さは，電流の（　②　）やコイルの（　③　）が関係する。 |
| **N**極と**S**極 | **N**極と**S**極があり，極は入れかわらない。 | **N**極と**S**極があるが，（　④　）すると，極が入れかわる。 |

2 次の文を読み，各問いに答えなさい。

5つの容器A～Eには，塩酸，炭酸水，石灰水，食塩水，アンモニア水のいずれかが入っている。それぞれのにおいやリトマス紙をつけたときの変化を表にまとめた。

| | A | B | C | D | E |
|---|---|---|---|---|---|
| におい | つんとにおう | ない | すこしにおう | ない | ない |
| 赤色リトマス紙 | 青く変化した | 変化なし | 変化なし | 青く変化した | 変化なし |
| 青色リトマス紙 | 変化なし | 赤く変化した | 赤く変化した | 変化なし | 変化なし |

(1) 容器A～Eに入っている水溶液（ようえき）の名前をそれぞれ答えなさい。

(2) 容器BとCには，何性の水溶液が入っていたか，答えなさい。

(3) 容器A～Eの水溶液を一部取り出し，加熱して水を蒸発させると何も残らないのはA～Eのどれか，すべて選び，記号で答えなさい。

(4) 容器BとCにアルミニウムを入れたところ，片方だけアルミニウムが溶（と）けた。アルミニウムが溶けたのはB，Cのどちらか，記号で答えなさい。

(5) (4)でアルミニウムが溶けたあとの液体を加熱して，水を蒸発させたところ，白い粉が残った。この粉について述べた文として，もっとも適当なものを次の**ア**～**エ**から選び，記号で答えなさい。

**ア** アルミニウムである。

**イ** 水溶液に溶けていたものである。

**ウ** 水溶液に溶けていた物質とアルミニウムが混ざったものである。

**エ** 水溶液とアルミニウムが反応してできた別のものである。

(6) 次の文は，炭酸水について述べている。（　①　），（　②　）に入る言葉をそれぞれ答えなさい。

炭酸水は，水に（　①　）が溶けている。(①) を石灰水に少しずつ入れていくと，（　②　）。

**3** 次の文を読み，各問いに答えなさい。

植物のからだは花，根，くき，葉などのつくりからできており，それぞれのつくりには役割があります。花はめしべやおしべを守り，虫や鳥を引きつけます。根は土の中の水や水に溶けている養分をとり入れ，くきは水や養分の通り道となります。葉は植物が生きるために必要な養分をつくったり，酸素などの気体の出入り口となったりします。

葉についてもっとくわしく知るために，いろいろな葉を集めてみたところ，形は植物の種類によって異なることがわかりました。**写真**は，クスノキ，イチョウ，サクラ，マツ，カタバミ，カエデ，ツユクサの葉です。

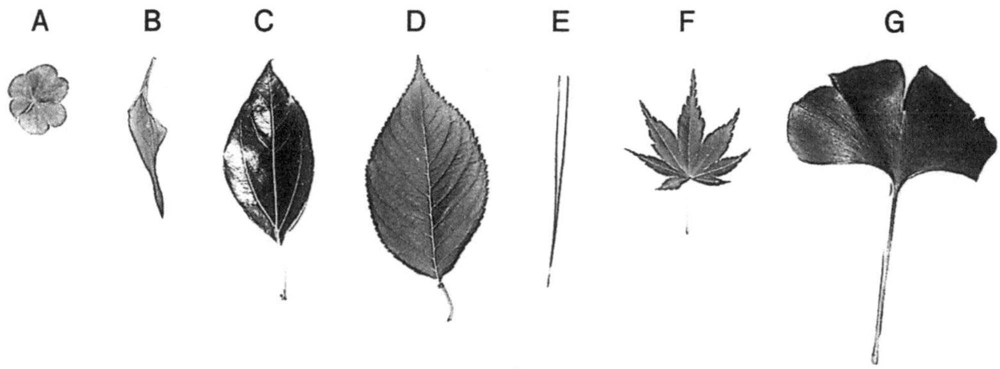


**写真**

(1) 花が下線部のようなはたらきをするのはなぜか。理由を答えなさい。

(2) 下の**図**はアサガオの花をたてに切ったときのようすを示しています。**図**中の①～④の名前の組み合わせとして正しいものを**ア**～**エ**から選び，記号で答えなさい。

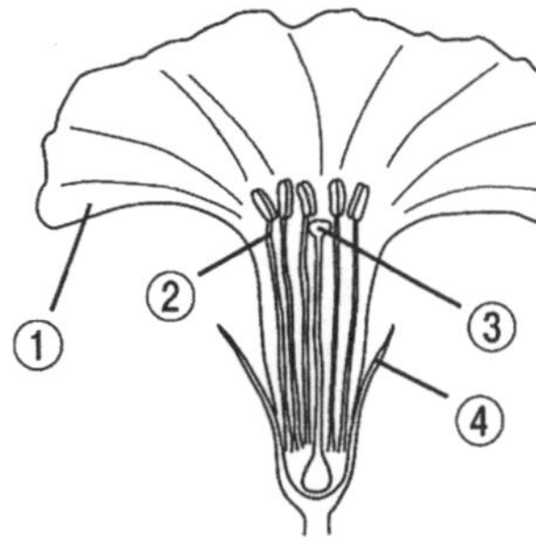


**図**

| | ① | ② | ③ | ④ |
|---|---|---|---|---|
| **ア** | 花びら | めしべ | おしべ | がく |
| **イ** | 花びら | おしべ | めしべ | がく |
| **ウ** | がく | めしべ | おしべ | 花びら |
| **エ** | がく | おしべ | めしべ | 花びら |

(3) 秋に花が咲く植物を，次の**ア**～**エ**から１つ選び，記号で答えなさい。

**ア** トマト　**イ** アブラナ　**ウ** コスモス　**エ** ダイコン

(4) くきのつくりやはたらきを調べるために，切り花にしたホウセンカをうすめた赤いインクの入ったビーカーにさし，１時間おいた。そのホウセンカのくきをカッターで切断すると，どのような切り口になるか。次の**ア**～**エ**から１つ選び，記号で答えなさい。ただし，**ア**～**エ**のぬりつぶしてある部分は，赤くなっている部分を示している。

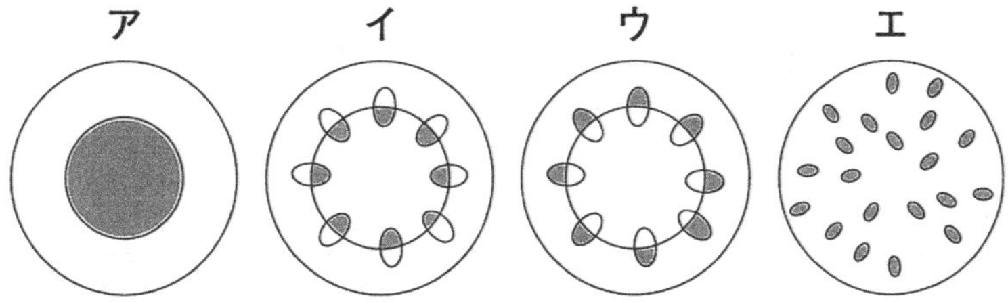


(5) 光合成の反応を次のように表したとき，(　　) に入る養分の名前を答えなさい。

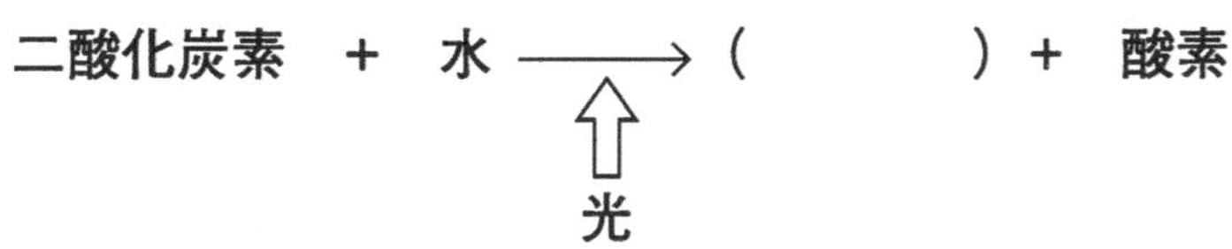


(6) 植物の葉は，不要な水を水蒸気として植物のからだから出している。このはたらきを何というか，答えなさい。

(7) (6)で植物が水蒸気を出している穴を何というか，答えなさい。

(8) マツ，イチョウ，サクラの葉はどれか，**写真**の **A** ～ **G** からそれぞれ選び，記号で答えなさい。

(9) それぞれの葉には，全体にまんべんなくすじがある。このすじの名前を答えなさい。

4　次のⅠ・Ⅱの文を読み，各問いに答えなさい。

Ⅰ　**図１**はオリオン座を，**図２**は１月のある日の午後８時ごろのオリオン座の位置を示したものです。

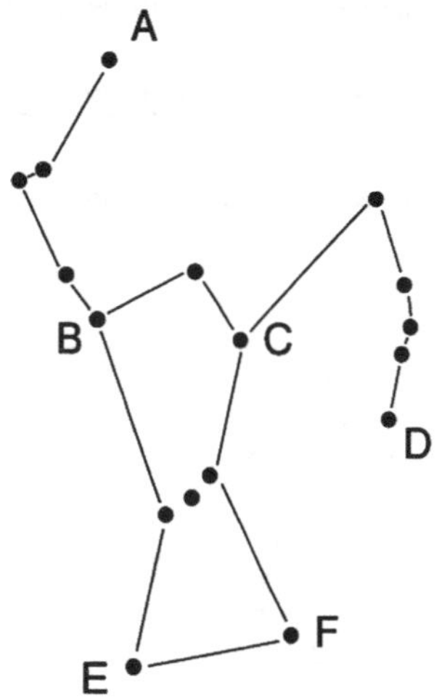


**図１**

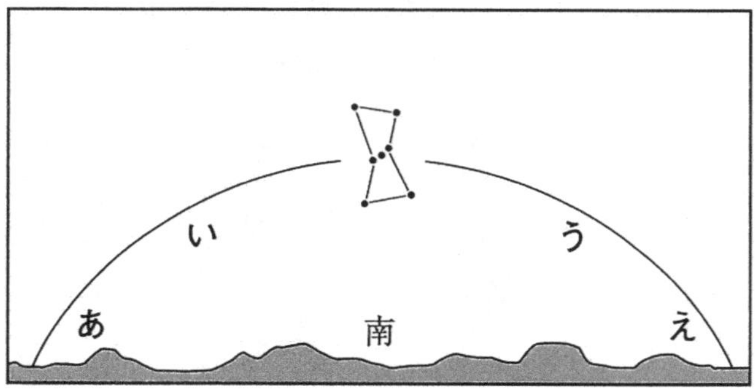


**図２**

(1)　**図１**の**A**～**F**から，①冬の大三角をつくる赤く見える一等星，②青白く見える一等星をそれぞれ１つずつ選び，記号で答えなさい。

(2)　２時間後にオリオン座はどの位置に見えますか。**図２**の**あ**～**え**から選び，記号で答えなさい。

(3)　(2)のとき，オリオン座はどのように見えますか。次の**ア**～**エ**から１つ選び，記号で答えなさい。

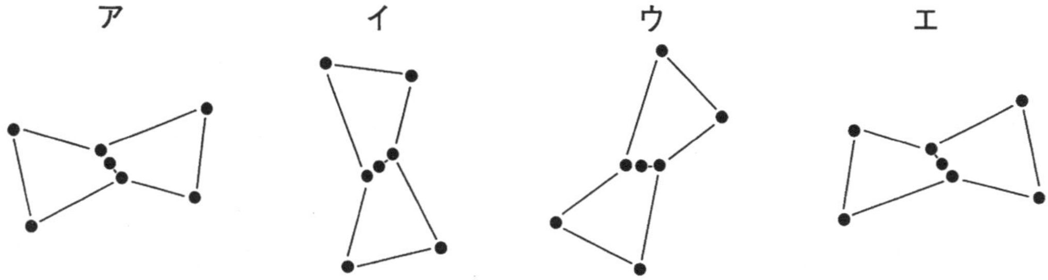

(4) **図２**で示された日時に見ることができない星座を，次の**ア**～**エ**から１つ選び，記号で答えなさい。

**ア**

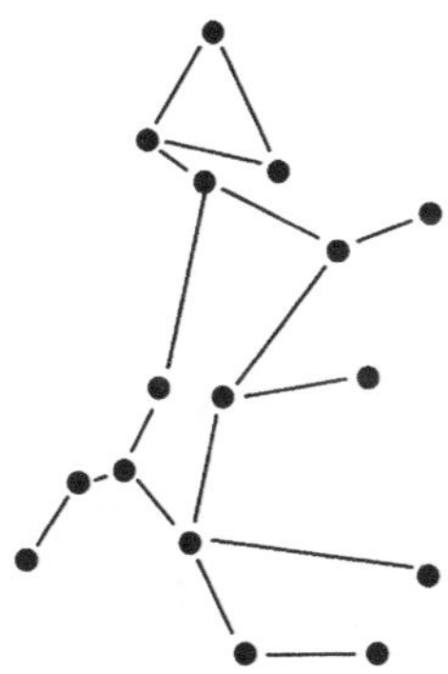

**イ**

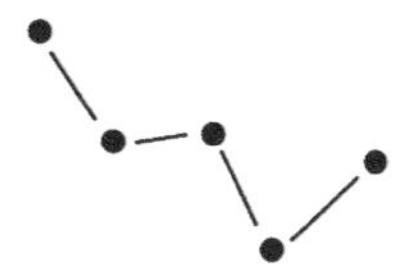

**ウ**

**エ**

(5) (4)の選択肢の**イ**の星座の名前を答えなさい。

(6) (4)の選択肢の**エ**の星座の★で示した部分を何というか，答えなさい。

Ⅱ　月の見え方は，およそ30日かけて，新月→半月（上弦（じょうげん）の月）→満月（十五夜）→半月（下弦（かげん）の月）→新月と変わります。**図３**はある日とその２日後に，同じ時刻に見える月を観察して記録したもの，**図４**は地球の周りを回る月のようすを表したものです。

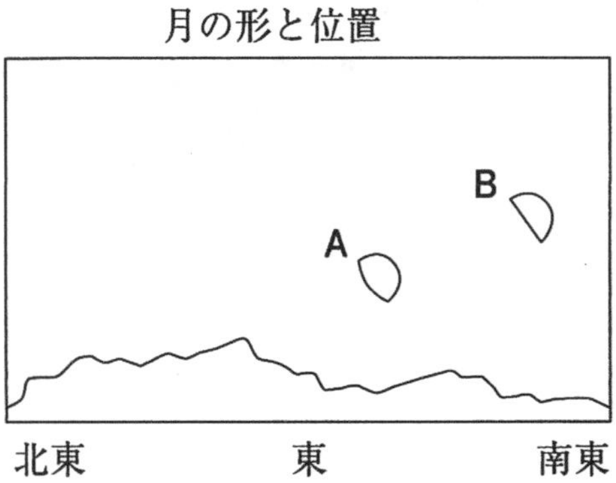


**図３**

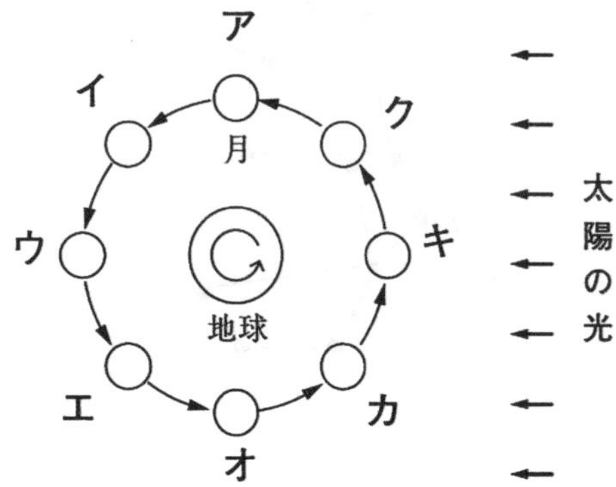


**図４**

(7)　初めに観察した月は，**図３**の**A**，**B**のどちらか，記号で答えなさい。

(8)　次の俳句に詠（よ）まれている①，②の月の位置を，**図４**の**ア**～**ク**からそれぞれ１つずつ選び，記号で答えなさい。

明けゆくや　①<u>二十七夜</u>も　②<u>三日の月</u>

(9)　次の俳句に詠まれている月の位置を**図４**の**ア**～**ク**から１つ選び，記号で答えなさい。また，その月は１日のうちいつ，どのような形に見えたかを説明しなさい。

菜の花や　月は東に　日は西に

2024(R6) 敬愛中
K 教英出版

# 敬　愛　中　学　校

2024年度　一般入学試験問題

# 社　　　会

※　受験上の注意

1．問題は 1 ページから 17 ページまであります。制限時間は 40 分です。

2．解答用紙には、受験番号、氏名を忘れずに記入して下さい。

3．各問題とも解答は解答用紙の所定のところへ記入して下さい。

［1］　A～Hの道県について、問いに答えなさい。

（地図の縮尺は、同じではありません。）

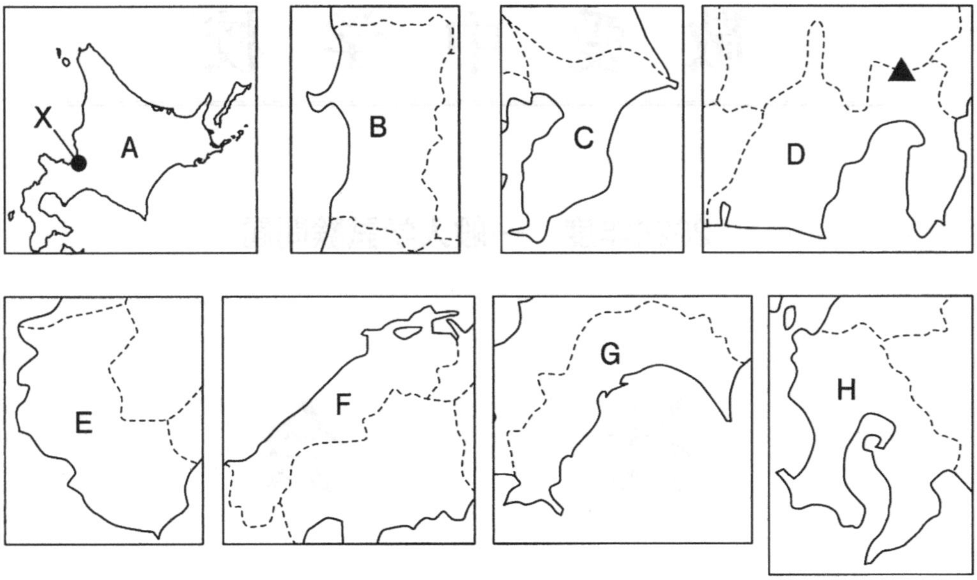


問１　AのXで示した地点の気候のグラフをア～エから一つ選び、記号で答えなさい。

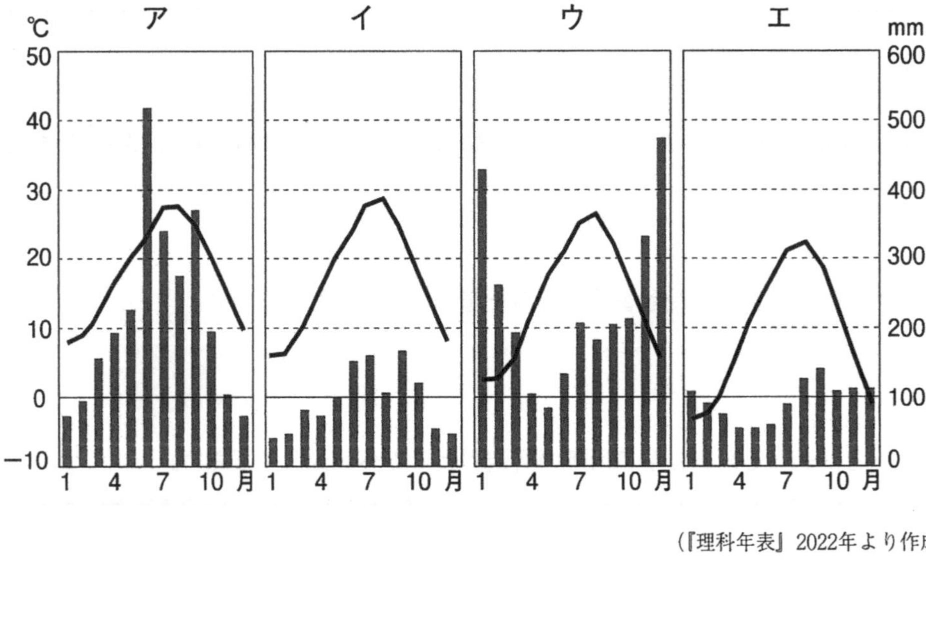


（『理科年表』2022年より作成）

問２　次の表は、Aにある地名とそのもとになったことばをまとめたものです。地名のもとになったことばを使う、Aの先住民を答えなさい。

| | |
|---|---|
| 知床 | シリ・エトク（地面の・出っ張った先端） |
| 室蘭 | モ・ルラン（小さい・坂） |
| 富良野 | フラ・ヌ・イ（臭気・持つ・もの） |
| 小樽 | オタ・ル・ナイ（砂・融ける・川） |

（北海道観光振興機構ホームページ）

問３　Bのある東北地方は、日本一の米の産地です。

⑴　Bと同じ東北地方にあるおもな稲作地域をア～エから一つ選び、記号で答えなさい。

**ア**　越後平野　　**イ**　石狩平野　　**ウ**　庄内平野　　**エ**　筑紫平野

⑵　稲作農家の仕事について、次の表のb・cにあてはまる語句の組み合わせとして正しいものをア～エから一つ選び、記号で答えなさい。

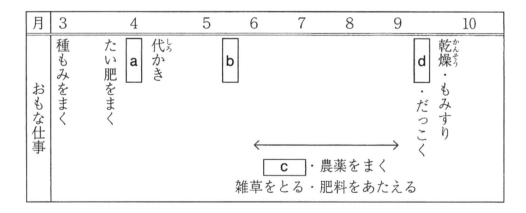

| 月 | 3 | 4 | 5 | 6 | 7 | 8 | 9 | 10 |
|---|---|---|---|---|---|---|---|---|
| おもな仕事 | 種もみをまく　たい肥をまく | [a]　代かき | [b] | ←[c]・農薬をまく | 雑草をとる・肥料をあたえる | | →　[d]・だっこく | 乾燥・もみすり |

**ア**　b：田おこし　c：水の管理　　**イ**　b：田植え　c：田おこし
**ウ**　b：田おこし　c：稲刈り　　**エ**　b：田植え　c：水の管理

問４　Bは2023年７月に水害にみまわれ、多くの被害が出ました。雨の予報や河川の状況、被害状況を確認するため、私たちは、テレビのニュースなどを通じて情報を得ることになります。情報を活用するために大切なことは何でしょうか。あなたの考えを簡単に説明しなさい。

問５　Cの北部には、日本一の流域面積を持つ川が流れています。この川の名前を答えなさい。

問６　Cには、日本一の貿易港である成田国際空港があります。次の表は、成田国際空港・名古屋港・横浜港・博多港の輸出入の上位５品目（2019年）をまとめたものです。成田国際空港にあてはまるものを**ア**～**エ**から一つ選び、記号で答えなさい。

**ア**

| 輸　出 | 輸　入 |
|---|---|
| 自動車 | 石油 |
| 自動車部品 | 液化ガス |
| 内燃機関（ないねん） | アルミニウム |
| プラスチック | 衣類 |
| 金属加工機械 | 有機化合物 |

**イ**

| 輸　出 | 輸　入 |
|---|---|
| 半導体等製造装置 | 通信機 |
| 科学光学機器 | 医薬品 |
| 金（非貨幣用）（かへい） | コンピュータ |
| 電気回路用品 | 集積回路 |
| 集積回路 | 科学光学機器 |

**ウ**

| 輸　出 | 輸　入 |
|---|---|
| 自動車 | 液化ガス |
| 自動車部品 | 石油 |
| 内燃機関 | 衣類 |
| 金属加工機械 | 絶縁電線・ケーブル |
| 電気計測機器 | アルミニウム |

**エ**

| 輸　出 | 輸　入 |
|---|---|
| 集積回路 | 魚介類 |
| 自動車 | 家具 |
| タイヤ・チューブ | 絶縁電線・ケーブル |
| 半導体製造装置 | 衣類 |
| プラスチック | 肉類 |

（『日本国勢図会（2020/2021年版）』より作成）

問７　Dの▲で示した山は、ユネスコの世界遺産に登録されています。ユネスコの世界遺産に**登録されていないもの**を**ア**～**エ**から一つ選び、記号で答えなさい。

**ア**　姫路城　　**イ**　琵琶湖　　**ウ**　白神山地　　**エ**　厳島神社

問８　Ｄに住む外国人のうち、約３割の人がある国の出身です。ある国の説明文を読み、（　　　）にあてはまる語句をそれぞれ答えなさい。

> Ｄに住む外国人のうち、約３割の人が（　１　）の出身です。この国は、国土のほとんどが（　２　）半球にあるため、日本と季節が逆です。公用語はポルトガル語で、多様な人種の人たちが暮らすとともに、先住民も多いです。この国には流域面積が世界最大のアマゾン川があり、自然も豊かです。また、明治時代に日本人の（　１　）への移民が始まり、現在約150万人の日系人が暮らしています。

問９　Ｅは、あるくだものの生産量が日本一です。次のグラフは、そのくだものの都道府県別収穫（しゅうかく）量の割合（2021年）を示しています。このくだものを**ア**～**エ**から一つ選び、記号で答えなさい。

| 総生産量 | Ｅ | 静岡 | 愛媛 | 熊本 | その他 |
|---|---|---|---|---|---|
| 76.5万ｔ | 21.8％ | 15.6 | 14.7 | 10.7 | 37.2 |

（『日本国勢図会（2022/2023年版）』より作成）

**ア**　ぶどう　　**イ**　りんご　　**ウ**　みかん　　**エ**　さくらんぼ

問10　Ｅには、ジャイアントパンダが飼育されている動物園があります。昨年、この動物園から３頭のジャイアントパンダが中国に返還（へんかん）されました。下の地図中**ア**～**エ**から中国を選び、記号で答えなさい。

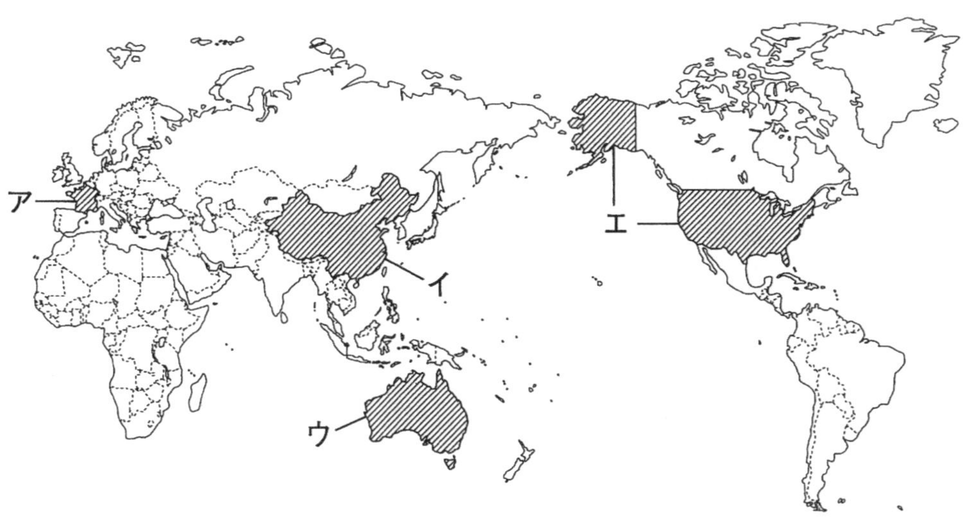

問 11　Fの県庁所在地を答えなさい。

問 12　Fが面している海を答えなさい。

問 13　Gでは、冬でもあたたかい気候を利用して、ビニールハウスを使った野菜の早づくりをしています。このような栽培方法を何といいますか。

問 14　次のグラフは、Gをおとずれた旅行客が県内の何にいくらお金を使ったかを示しています。このグラフから読み取った内容として正しいものをア～エから一つ選び、記号で答えなさい。

**県内での消費額の費目別割合（%）と総消費額の平均（円）**

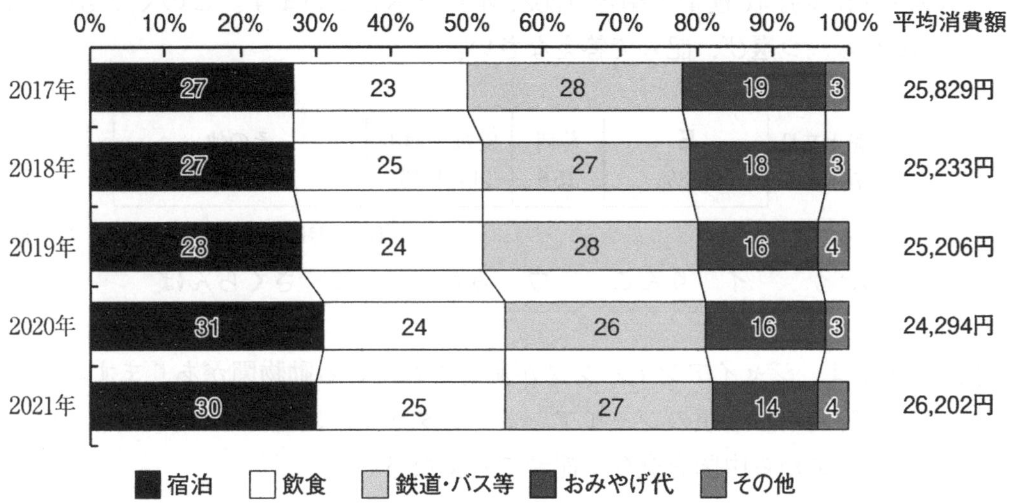


（「県外観光客入込・動態調査報告書」高知県観光振興部観光政策課令和４年10月）

ア　いずれの年においても、宿泊費のしめる割合が最も高くなっています。
イ　おみやげ代は常に、宿泊の費用の半分以下です。
ウ　飲食の割合が、鉄道・バス等の割合を上回ることはありません。
エ　平均消費額は、年々低下しています。

問 15　Hの県名には「島」という漢字が使われています。「島」という漢字が使われている都道府県は、全国にはH以外にいくつありますか。

問 16　**H**は畜産が盛んな県です。次のグラフは、肉牛・ぶた・肉用若鶏の都道府県別頭数（2021 年）を示しています。グラフ中**A**・**H**は地図中**A**・**H**のことで、また、**Y**は**H**と同じ地方にある県です。**Y**にあてはまる県を答えなさい。

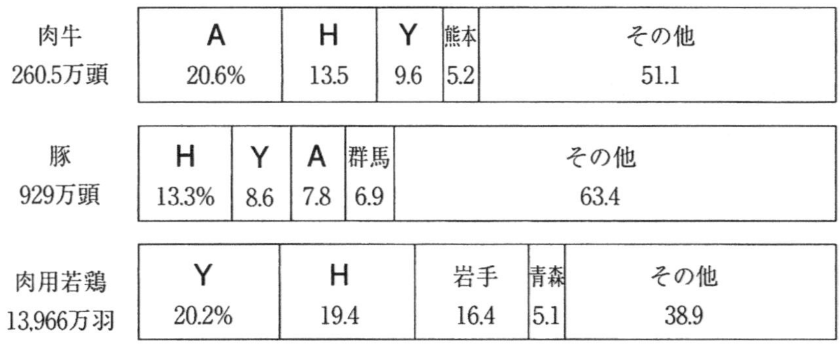


（『日本国勢図会（2022/2023年版）』より作成）

［２］ 歴史上の人物に関する A ～ H の文章を読んで、問いに答えなさい。

A 源頼朝は、関東の武士たちを味方につけて①平氏との戦いを始めました。

B 中国の僧（ 1 ）は日本へ渡ったのち、②唐招提寺を開きました。

C ③小村寿太郎が外務大臣のときに、④不平等条約の改正が達成されました。

D 聖徳太子は（ 2 ）を中国に送りました。⑤（ 2 ）の位は大礼でしたが、中国での役割をはたしたのち、大徳の位になり、冠の色も変わりました。

E ⑥近松門左衛門・松尾芭蕉・歌川広重・葛飾北斎などが、町人中心の文化を生み出していきました。

F 平塚らいてうは、⑦女性が政治に参加する権利を求める運動を始めました。

G 邪馬台国の女王（ 3 ）は、⑧中国に使いを送り金印を授けられました。

H ⑨織田信長・徳川家康の連合軍が武田勝頼を破りました。

問１ 文中の（ 1 ）～（ 3 ）にあてはまる人物の名前をそれぞれ答えなさい。

問２ 下線部①のとき、ある人物の行動をまとめたものが次の年表である。その人物の名前を答えなさい。

| | |
|---|---|
| 1180年 | 兄の源頼朝が平氏打倒の兵を挙げると、そこへ駆けつけました。 |
| 1184年 | 一ノ谷の戦いで平氏を破りました。 |
| 1185年 | 屋島の戦いで平氏を破りました。 |
| 1185年 | 壇ノ浦の戦いで平氏を滅ぼしました。 |
| 1189年 | 兄の源頼朝の命令によって討たれました。 |

問３　下線部②を**ア**～**エ**から一つ選び、記号で答えなさい。

**ア**

**イ**

**ウ**

**エ**

問４　下線部③のとき、日本にある権利が認められて、不平等条約の改正が達成されました。この権利を何といいますか。

問５　下線部④に関係する**ア**～**ウ**のできごとを古い順に並べ、記号で答えなさい。

**ア**　ノルマントン号事件が起こりました。

**イ**　外務大臣の陸奥宗光が条約の一部を改正しました。

**ウ**　岩倉使節団が外国をおとずれました。

問６　下線部⑤について、これは聖徳太子がつくったしくみによるものです。このしくみをつくった理由を、「**家がら**」と「**能力**」の語句を用いて説明しなさい。

問７　下線部⑥の人物と関係あるものの組み合わせとして**あやまっているもの**を**ア**～**エ**から一つ選び、記号で答えなさい。

**ア**　近松門左衛門 ― 芝居の脚本　　**イ**　松尾芭蕉 ― 俳句

**ウ**　歌川広重 ― 小説　　**エ**　葛飾北斎 ― 浮世絵

問８　次のグラフは、衆議院議員選挙が行われた年における、全人口にしめる有権者の割合を示しています。下線部⑦について、女性の投票が可能になったのはいつの選挙からですか。グラフを参考にして**ア～エ**から一つ選び、記号で答えなさい。

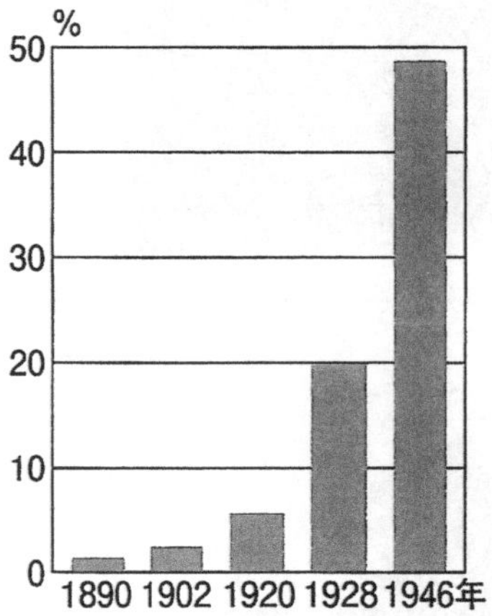

（総務省資料より作成）

**ア**　1902年　　**イ**　1920年
**ウ**　1928年　　**エ**　1946年

問９　下線部⑧について、この王朝を**ア～エ**から一つ選び、記号で答えなさい。
**ア**　漢　　**イ**　魏（ぎ）　　**ウ**　元　　**エ**　明

問10　下線部⑨についての説明文のうち、**あやまっているもの**をア～エから一つ選び、記号で答えなさい。
**ア**　織田信長は各地の関所をなくし、商工業を盛んにしようとしました。
**イ**　織田信長は明智光秀にそむかれ、本能寺で命を落としました。
**ウ**　徳川家康は、侵略でとだえていた朝鮮との交流を再開しました。
**エ**　徳川家康は、征夷大将軍の職を息子の家光にゆずりました。

問11　[A]～[H]を古い順に並べたときに、**３番目**と**６番目**にくるものを選び、それぞれ記号で答えなさい。

# 2024年度　敬愛中学校　一般入学試験　国語　解答用紙

【一】

問一　ⓐ　ⓑ　ⓒ　ⓓ　ⓔ

問二　A　B　C

問三

問四

問五

問六

問七

問八

【二】

問一　ⓐ　ⓑ　ⓒ　ⓓ　ⓔ

問二

問三　②　④

12行

【解答

# 算数　解答用紙

| [4] | (1) | | (2) | |
|---|---|---|---|---|
| | (3) | | | |

| [5] | (1) | ： | (2) | |
|---|---|---|---|---|
| | (3) | ① | ② | |
| | (4) | | | |

| [6] | (1) | ① | ② |
|---|---|---|---|
| | (2) | ① | ② |

※100点満点
総点　（配点非公表）　点

| 受験番号 | | 氏名 | |
|---|---|---|---|

# 理　科　解答用紙

3

| | | | | | | | | |
|---|---|---|---|---|---|---|---|---|
| (1) | | | | | | | | |
| (2) | | (3) | | (4) | | (5) | | |
| (6) | | | (7) | | | | | |
| (8) | マツ | イチョウ | サクラ | | (9) | | | |

4

| | | | | | | | | | |
|---|---|---|---|---|---|---|---|---|---|
| (1) | ① | | ② | | (2) | | (3) | | (4) |
| (5) | 座 | | (6) | | | | | | |
| (7) | | (8) | ① | | ② | | | | |
| (9) | 記号 | | | | | | | | |
| | 説明 | | | | | | | | |

| | | |
|---|---|---|
| | 氏名 | |

※50点満点
総点（配点非公表）　点

| | | | | | | | | | | | | |
|---|---|---|---|---|---|---|---|---|---|---|---|---|
| | 問7 | | 問8 | | 問9 | | 問10 | | 問11 | 番目 | | 番目 |

| | | | | | | | | | | | | | | |
|---|---|---|---|---|---|---|---|---|---|---|---|---|---|---|
| [3] | 問1 | | 問2 | | | | | | | | | | | |
| | 問3 | | | | | | | | | | | | | |
| | 問4 | | 問5 | | 問6 | | 問7 | | 問8 | | | | | |
| | 問9 | | 問10 | 1 | | 2 | | 問11 | | | | | | |
| | 問12 | | 問13 | | | 問14 | | 問15 | | | | | | |

| | | | |
|---|---|---|---|
| 受験番号 | | 氏名 | |

※50点満点
総点（配点非公表）点

2024年度　敬愛中学校　一般入学試験

# 社会　解答用紙

[1]

| | | | | | | | | | |
|---|---|---|---|---|---|---|---|---|---|
| 問1 | | 問2 | | 問3 | (1) | | (2) | | |
| 問4 | | | | | | | | | |
| 問5 | | 問6 | | 問7 | | 問8 | 1 | | 2 |
| 問9 | | 問10 | | 問11 | 市 | 問12 | | | |
| 問13 | | 問14 | | 問15 | | 問16 | 県 | | |

[2]

| | | | | | | | |
|---|---|---|---|---|---|---|---|
| 問1 | 1 | | 2 | | 3 | | |
| 問2 | | 問3 | | 問4 | | 問5 | → → |

# 2024年度　敬愛中学校　一般入学試験

## 1

| | | | | |
|---|---|---|---|---|
| (1) | | | | |
| (2) | A | 個 | B | 個 |
| (3) | | | | |
| (4) | | (5) | と | |
| (6) | ① | | | |
| | ② | | ③ | |
| | ④ | | | |

## 2

| | | | | |
|---|---|---|---|---|
| (1) | A | | B | |
| | C | | D | |
| | E | | (2) | 性 |
| (3) | | (4) | | (5) |
| (6) | ① | | | |
| | ② | | | |

# 2024年度　敬愛中学校　一般入学試験

| | | | | |
|---|---|---|---|---|
| [1] | (1) | | (2) | |
| | (3) | | (4) | |
| | (5) | | (6) | |
| | (7) | | | |
| | (8) | ① | ② | |

| | | | | |
|---|---|---|---|---|
| [2] | (1) | | (2) | |
| | (3) | | | |

| | | | | |
|---|---|---|---|---|
| [3] | (1) | ① | ② | ③ |
| | (2) | | (3) | |
| | (4) | | | |

【四】

表面からの続きです。

【三】

問六

問七

問八

問一 ① ②

問二 ① ② ③

【四】の解答らんはウラ面にあります。

受験番号

氏名

※100点満点
総点（配点非公表）点



【解答

［３］ 日本各地でみられる景色や建物は、過去から現在にかけてのようすを教えてくれます。次の 資料１ ～ 資料６ は、北九州市門司区のようすです。これを読み、問いに答えなさい。

資料１ 手向山公園

関門海峡や赤坂海岸を見渡すことができる、標高76mの手向山の山頂を中心に整備された自然公園です。その地形的な重要性から1887(明治20)年～1945(昭和20)年まで、海峡を通行する艦隊の来襲を予想して、砲台が築かれていました。公園内には、宮本武蔵の養子、宮本伊織が建立した「小倉碑文」があります。

問１ 資料１ の写真は、手向山公園の展望台から撮影した写真です。手向山を中心とした次の地図中の矢印**ア**～**エ**のどの向きで撮影したものですか。**ア**～**エ**から一つ選び、記号で答えなさい。

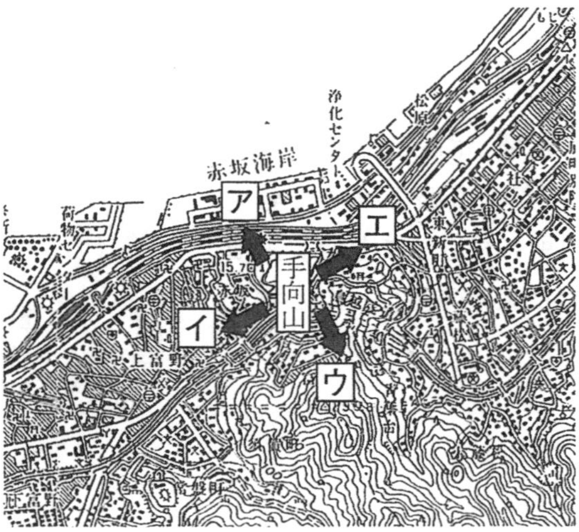


（国土地理院「小倉」1：50000より作成）

問２　手向山に砲台がおかれた1887年～1945年のできごととして、**あてはまらないもの**を**ア～エ**から一つ選び、記号で答えなさい。

**ア**　自由民権運動が始まりました。　　**イ**　八幡製鉄所が建設されました。
**ウ**　関東大震災が起きました。　　**エ**　満州事変が起こりました。

問３　「小倉碑文」を建立した宮本伊織は、江戸時代初期の人です。江戸幕府は、次の図のように全国に大名を置きました。その特徴を、「**親藩・譜代**」と「**外様**」の語句を用いて説明しなさい。

おもな大名の配置（1664年ごろ）

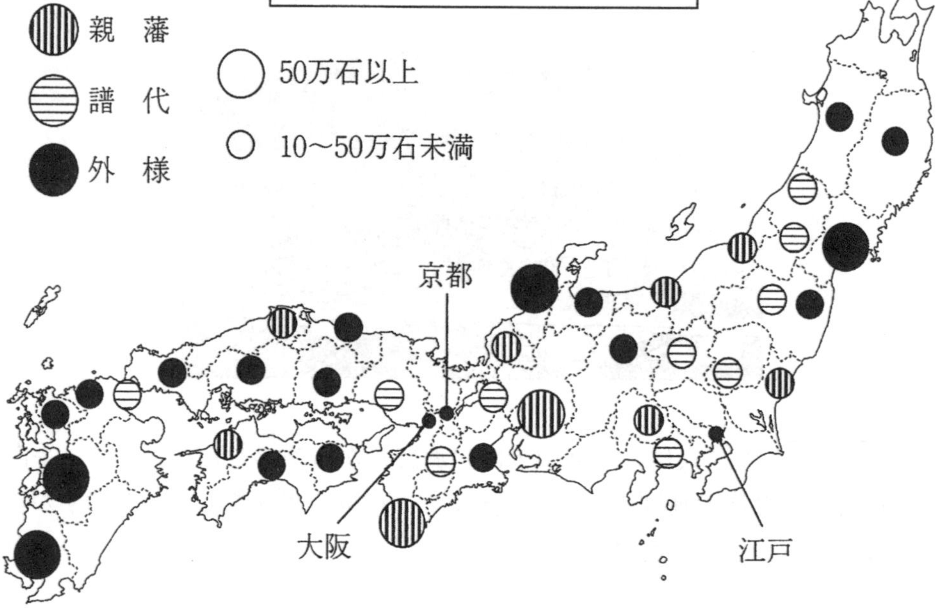


資料２　黄金塚古墳

国道３号線沿いに、古墳があったことを示す石碑があります。1897年に道路工事中に発見され、一部が現在の場所に移されました。古墳時代に、この地を治めた豪族の墓だったと考えられています。

問４　国道は国が管理を行い、維持・修理・災害復旧などを行っています。右の図は、内閣の組織をまとめたものです。国道の維持・修理を担当している役所を右の図から選び、答えなさい。

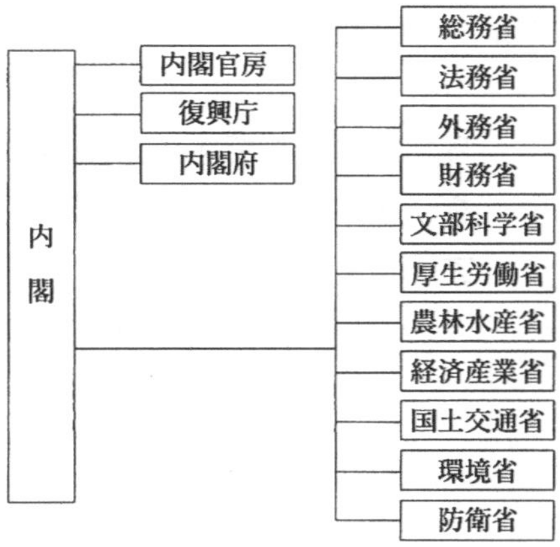


問５　古墳時代の豪族の墓から、右の写真のような素焼きの焼き物が見つかることがあります。このような焼き物の名前を答えなさい。

資料３　御所神社（柳の御所跡）

源氏に追われた平氏が、大宰府へのがれる途中に、安徳天皇の御所として屋敷を構えた所とされています。源平合戦のあと平氏と安徳天皇を祀る神社となりました。

また付近には、柳の木が植えられています。柳には、鎮痛効果があると考えられ、奈良時代から御所や都に植えられていました。この神社の付近には、「柳町」や天皇の御所をさす内裏に由来する「大里」などの地名が見られます。

問６　平氏が行った政治について、正しいものを**ア**～**エ**から一つ選び、記号で答えなさい。

**ア**　太政大臣を始め、朝廷の重要な地位を独占して、政治を行いました。
**イ**　すべての土地と人民を天皇が治める政治のしくみを目指しました。
**ウ**　各地を治めていた守護大名を従えて、中国（明）とも貿易を行いました。
**エ**　御家人を守護や地頭に任命して、武士による政治の体制を整えました。

問7　奈良時代には、全国から税としてさまざまな品物があつめられました。右の資料は、奈良時代にその税に付けられた木の札です。この木の札に書かれている税の種類を、**ア**～**エ**から一つ選び、記号で答えなさい。

**ア** 租(そ)　**イ** 庸(よう)　**ウ** 調　**エ** 雑徭(ぞうよう)

資料4　猿喰(さるはみ)新田の潮抜(ぬ)き穴

猿喰新田は、江戸時代1757年に大里村の庄屋石原宗祐(そうゆう)が、米の増産を計画して、開拓(かいたく)した新田です。写真は、干拓(かんたく)の工事で海水を抜き出すための堤防(ていぼう)と水門のあとです。この工事では、33ヘクタール分の水田を広げることができました。豊前海(ぶぜんかい)沿いの新田事業は、小倉藩の人々の暮しの助けになりました。

問8　安定した食料を確保するためには、農作物の増産は欠かせません。右の図は、わが国の米・野菜・果実・肉類の食料自給率（2020年）を示しています。このうち、米にあたるものを**ア**～**エ**から一つ選び、記号で答えなさい。

| 品目 | 自給率（%） |
|---|---|
| **ア** | 53 |
| **イ** | 80 |
| **ウ** | 97 |
| **エ** | 38 |

（『日本国勢図会（2022/2023年版）』より作成）

問９　豊前海では、波の穏やかな内海を生かしたかきの養殖が有名です。次のグラフは、日本の漁業種類別生産量の推移（2020 年）を示しており、**ア～エ**は、遠洋漁業、沖合漁業、沿岸漁業、海面養殖業のいずれかです。このうち、海面養殖業にあたるものを一つ選び、記号で答えなさい。

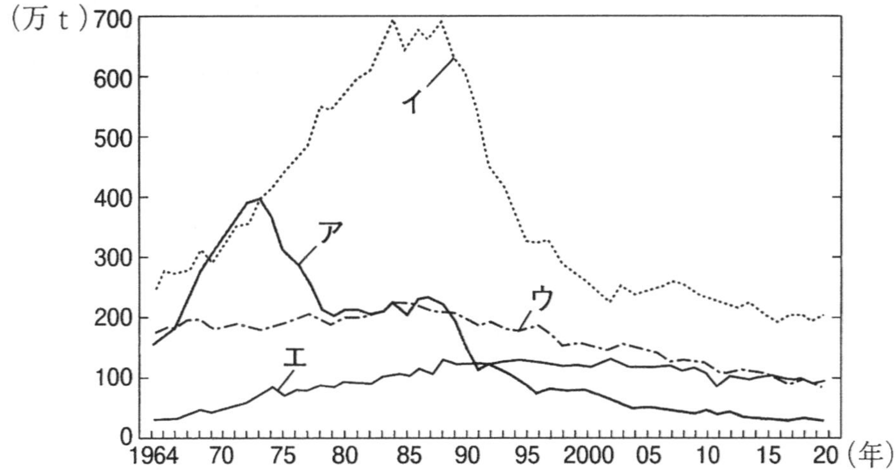


（『日本国勢図会（2022/2023年版）』より作成）

問 10　新田事業は、江戸時代中期から後期にかけて、盛んに行われました。その一方で、江戸時代中期から各地できさんが起こりました。次のグラフは、江戸時代中期からの百姓一揆と打ちこわしの件数を示しています。百姓一揆と打ちこわしの関係について、下の文の（　　　）にあてはまる語句をそれぞれ答えなさい。

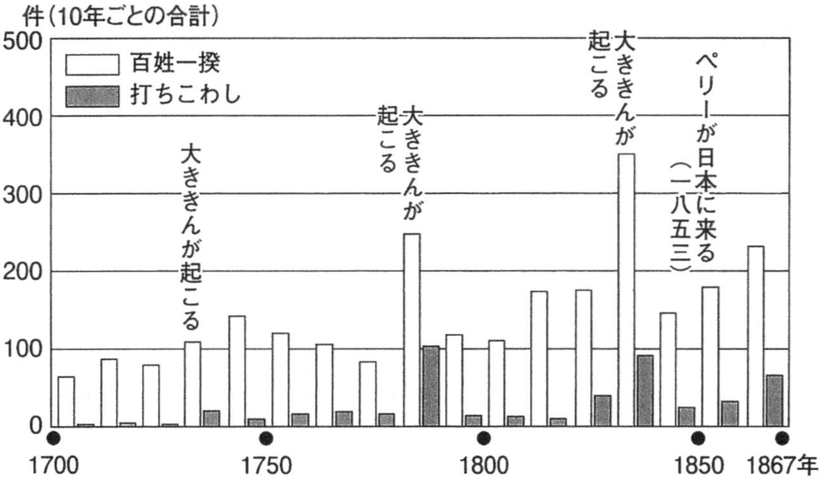


| |
|---|
| ききんのたびに、農村では（　１　）がおこり、都市部では（　２　）が起きました。 |

資料５ 関門国道トンネル

山口県下関市と福岡県北九州市を結ぶ自動車専用の海底トンネルです。建設工事は1938年に始まりましたが、太平洋戦争での中断をはさみ、1958年に完成しました。全長は3,461 mで、１日の通行台数は約３万台にも及びます。通行料は、普通車が160円ですが、2025年10月からは、無料で通行できるようになります。

問11 自動車工業は、わが国の工業の中心になっています。次のグラフは、かつて日本の工業の中心だった四大工業地帯（京浜・中京・阪神・北九州）の製造品出荷額等の構成（2019年）を示したものです。このうち、自動車工業が盛んな中京工業地帯のグラフを**ア**～**エ**から一つ選び、記号で答えなさい。

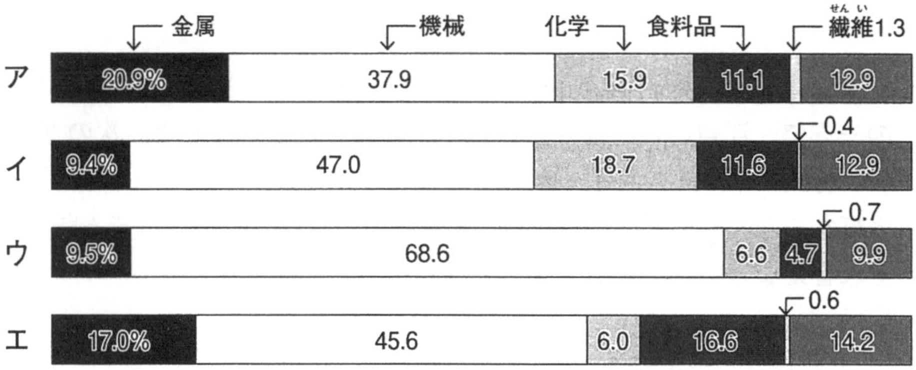


（『日本国勢図会（2022/2023年版）』より作成）

問12 関門国道トンネルを建設した1938年～1958年のできごととして、**あてはまらないもの**を**ア**～**エ**から一つ選び、記号で答えなさい。

**ア** 日本国憲法が制定されました。　**イ** 日本が国際連合へ加盟しました。

**ウ** 沖縄が日本に返還されました。　**エ** 第二次世界大戦が始まりました。

資料6 松ヶ江南市民センター

市民センターは、地域の自主的・主体的な地域づくりやまちづくり活動を進めるため、会議や子育てサークル、クラブ活動の活動拠点(きょてん)として設置されています。現在の建物は、平成19年に建てられました。門司区役所の出張所や体育館、多目的ホールを併設(へいせつ)しており、手続きを行えば、誰でも施設(しせつ)を利用できます。

問13 市民センターは、大雨や地震(じしん)などの災害時に、避難(ひなん)所として利用されます。国は2011年の東日本大震災以降、災害に備えて、自分や家族を守ること（自助）や、国や市区町村が進める取り組み（公助）を、よびかけています。これらにくわえて、地域の人々で助け合う取り組みを何といいますか。**漢字2字**で答えなさい。

問14 市民センターは投票(とうひょう)所としても利用され、2023年に市長選挙が行われました。市長について、立候補できる年齢(ねんれい)と任期の組み合わせとして正しいものを**ア**～**エ**から一つ選び、記号で答えなさい。

**ア** { 立候補＝25才 / 任　期＝4年 }

**イ** { 立候補＝18才 / 任　期＝4年 }

**ウ** { 立候補＝35才 / 任　期＝3年 }

**エ** { 立候補＝30才 / 任　期＝6年 }

問 15　市民センターは、北九州市に納められる税金によって建設・運営されています。次のグラフは、北九州市の歳入（さいにゅう）（2021 年）を示しています。このうち、地方の収入の差を減らすために国から配分されるお金を、グラフから選び、答えなさい。

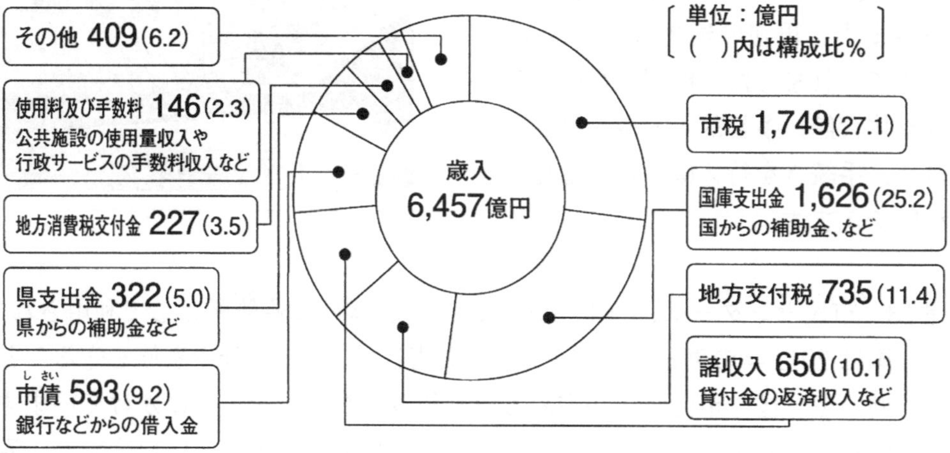


（『わかりやすい北九州市の財政（令和 4 年版）』より作成）

2024(R6) 敬愛中
K 教英出版

# 敬愛中学校

2024年度　一般入学試験問題

# 作　文

※　受験上の注意

1．問題は 1 ページから 3 ページまであります。制限時間は 40 分です。

2．解答用紙には、受験番号、氏名を忘れずに記入して下さい。

3．各問題とも解答は解答用紙の所定のところへ記入して下さい。

2024(R6) 敬愛中
教英出版

**次の文章を読んで、あとの問いに答えなさい。**

敬太さんの学級では、クラスの多くの生徒がスマートフォンを持ってきています。スマートフォンは保護者との連絡手段になるだけでなく、インターネットを使って様々な情報を得ることもできます。敬太さんもスマートフォンでインターネットを使用していますが、最近は動画やオンラインゲームに熱中してしまい、多くの時間を費やしています。そこで、敬太さんはクラスメートの愛子さんとインターネットの利用状況について調べて、次の発表会でわかったことを話すことにしました。

敬太さんが、子どものインターネットの利用時間について調べたところ、内閣府のホームページに利用時間についてのデータがありました（図１上方）。これを見た愛子さんは、「平成三十年度から令和四年度にかけて利用時間の平均が１・５倍にもなっているわ。みんなどんなことにインターネットを使っているのかしら。」と驚きました。敬太さんは、「それなら図２を見てみよう。この図は令和四年度のデータだけど、趣味や娯楽に使う時間が圧倒的に多いね。逆に勉強や学習に使う時間が少ないのは気になるなあ。」と自分のことも振り返りながら言いました。愛子さんは図１の下方のデータにも注目して「家庭のルールが有るか無いかで利用時間が変わっているのは興味深いわ。インターネットの利用について、家の中でも十分に話し合って決めていく必要がありそうね。」と言い、また敬太さんは、「中学校でタブレットが配付されたら、使い方に十分注意して有意義に使っていこう。」と固く決意しました。

# 2024年度　敬愛中学校　適性試験　解答用紙

| | | | | | |
|---|---|---|---|---|---|
| [1] | 問1 | (1) | | | |
| | | (2) | | | |
| | 問2 | | | | |

| | | | | | |
|---|---|---|---|---|---|
| [2] | 問1 | ① | | ② | |
| | 問2 | | | | |

受験番号

氏名

※100点満点
（配点非公表）

400

300

# 2024年度　敬愛中学校　一般入学試験　作文　解答用紙

原稿用紙

問一

150

200

問二

| | | |
|---|---|---|
| | 問3 | |

| | | | | |
|---|---|---|---|---|
| [3] | 問1 | | 問2 | |
| | 問3 | ア | | |
| | | イ | | |

総点　※100点満点（配点非公表）　点

| | | | |
|---|---|---|---|
| 受験番号 | | 氏名 | |

## 図１　インターネットの利用時間【利用機器の合計】
（青少年に聞いた「インターネット利用についての家庭のルールの有無」別）

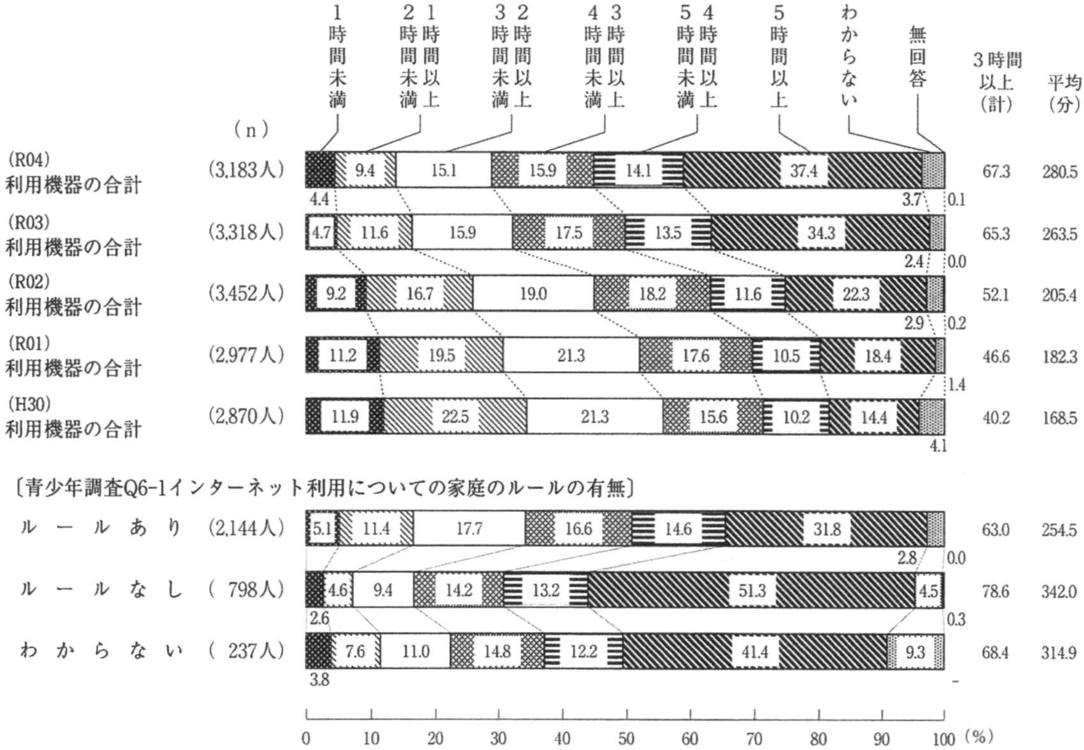


## 図２　インターネットの利用時間（目的別）

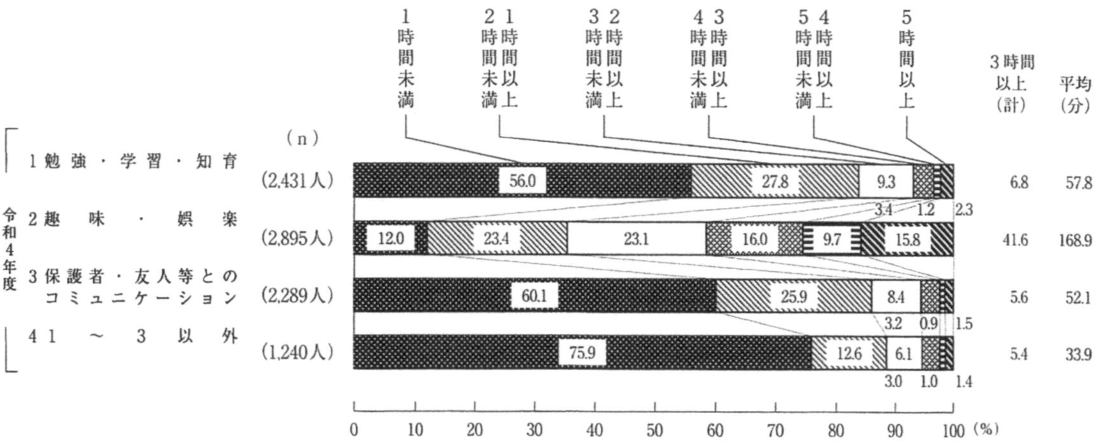


内閣府「青少年のインターネット利用環境実態調査（令和４年度）」（一部改変しています）

**問一**　図1、2を見て、青少年のインターネット利用における現状と問題点について、百五十～二百字で書きましょう。

**問二**　**問一**で挙げた問題点に対する解決策について、具体例を用いながら三百～四百字で書きましょう。

そのとき、次の【注意】に従って、原稿用紙(げんこう)に書きましょう。

【注意】原稿用紙には、題や氏名を書かずに、本文だけを書きましょう。
文章を見直すときには、次の（例）のように、付け加えたり、けずったり、書き直したりしてもかまいません。

（例）

私が
今日、黒板を消しているとき、友だちが~~進んで~~手伝って~~もらいました~~くれました

# 敬　愛　中　学　校

2024年度　一般入学試験　問題

# 適性試験

※　受験上の注意

1．問題は 1 ページから 8 ページまであります。制限時間は 50 分です。

2．解答用紙には、受験番号、氏名を忘れずに記入してください。

3．各問題とも解答は解答用紙の所定のところへ記入してください。

［１］　わが国の税収についてまとめた文を読み、グラフを参考に問いに答えなさい。

2022年度の国の税収入は、３年連続で過去最高額を記録しました。税収のうちわけは、法人税（企業の利益にかかる税金）や消費税がのびていて、昨年度の税収総額の合計は、71兆1737億円になりました。現在、政府は防衛費の増額を2025年に予定しているため、最近の税収の増加を防衛費にあてる声が高まっていますが、税収が増えても財政の健全化（国の赤字を減らすこと）に結びつくのかはわかりません。

**図Ⅰ**　国の税収の変化

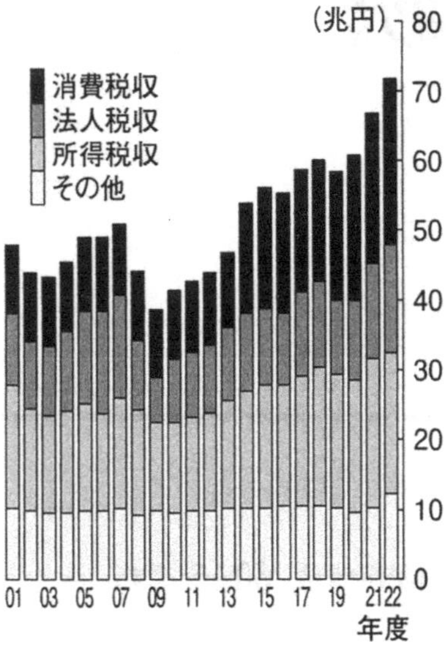


（「国税庁ホームページ」より作成）

**図Ⅱ**　令和５年度（2023年）国の収入と支出

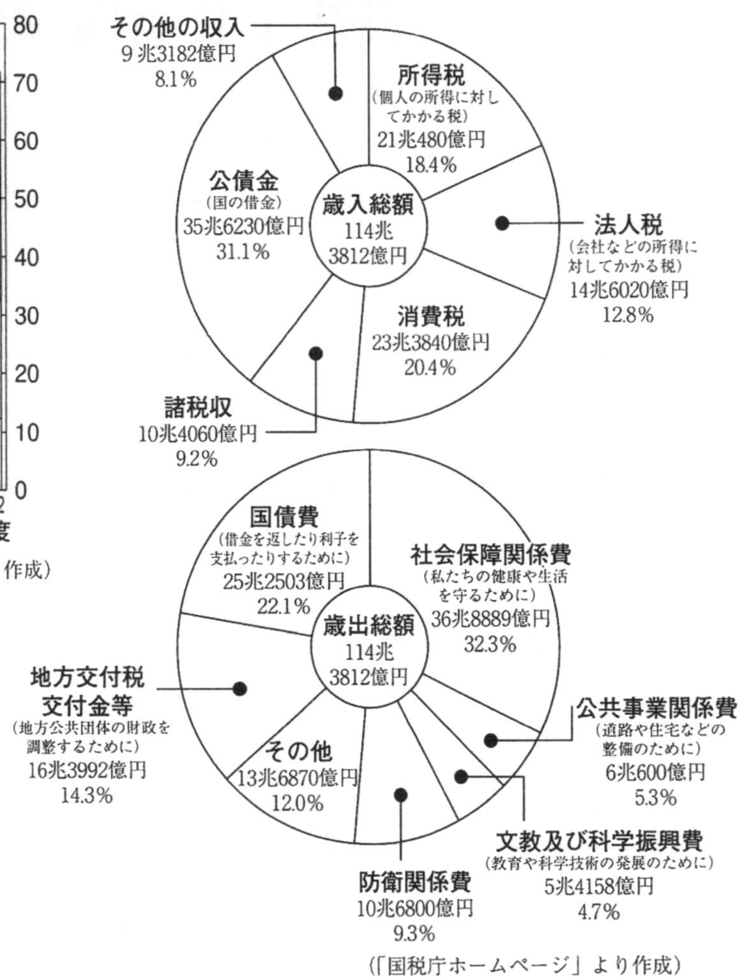


（「国税庁ホームページ」より作成）

問１　**図Ⅰ**について、問いに答えなさい。

⑴　次の表は、**図Ⅰ**中の2001年と2022年の税収金額を示しています。下の文（　①　）～（　③　）にあてはまる語句の組み合わせとして正しいものを、表を参考にして**ア～エ**から一つ選び、記号で答えなさい。

| 年 | 所得税収 | 法人税収 | 消費税収 | その他 | 総額 |
|---|---|---|---|---|---|
| 2001年 | 17.8 | 10.3 | 9.8 | 10.0 | 47.9 |
| 2022年 | 22.5 | 14.9 | 23.0 | 10.8 | 71.2 |

（単位は兆円）

2001年と2021年の３種類の税収を比べると、収入の割合がもっとも伸びたものは（　①　）で、もっとも割合が減ったのは（　②　）です。税率を変えずに国民に収入が増えたと感じさせるには、（　①　）の割合を減らし、（　③　）の割合が増えることが大切です。

**ア**　①所得税収　②法人税収　③消費税収
**イ**　①消費税収　②所得税収　③法人税収
**ウ**　①法人税収　②消費税収　③所得税収
**エ**　①消費税収　②法人税収　③所得税収

⑵　消費税の税収が2001年以降、増えた一番大きな理由を答えなさい。

問２　下線部について、税収は増えているのに、国の赤字が減らないのはなぜですか。**図Ⅱ**の円グラフ内の語句を用いて、答えなさい。

［２］　次の会話を読み，以下の問いに答えなさい。

生徒：先生，棒磁石を落としてしまいました。
先生：けがはないですか。
生徒：はい，大丈夫です。でも，棒磁石がこんな風に割れてしまいました。くっつけられますか。

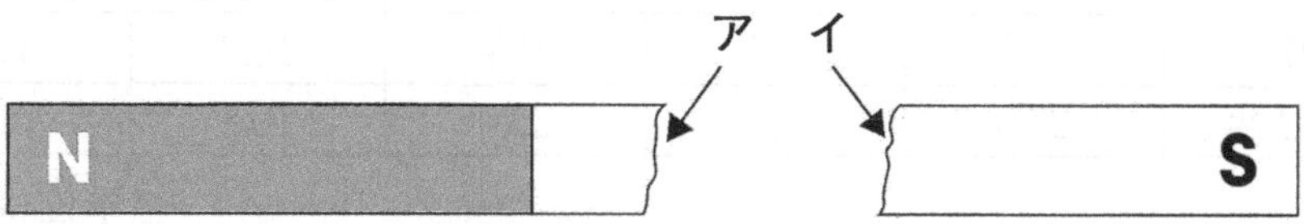


先生：くっつくかどうか，割れた面の**ア**と**イ**をゆっくり近づけてみましょう。

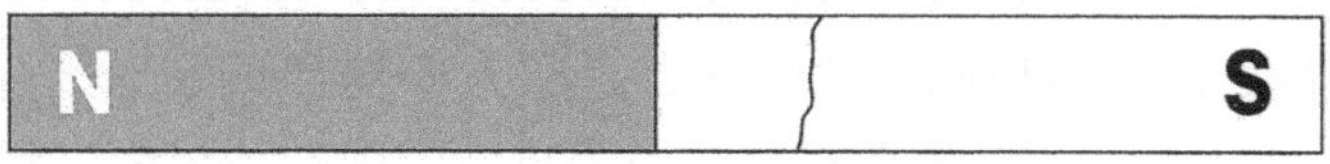


生徒：くっつきましたね。
先生：では，次は**ア**の面に**S**極を近づけてみましょう。

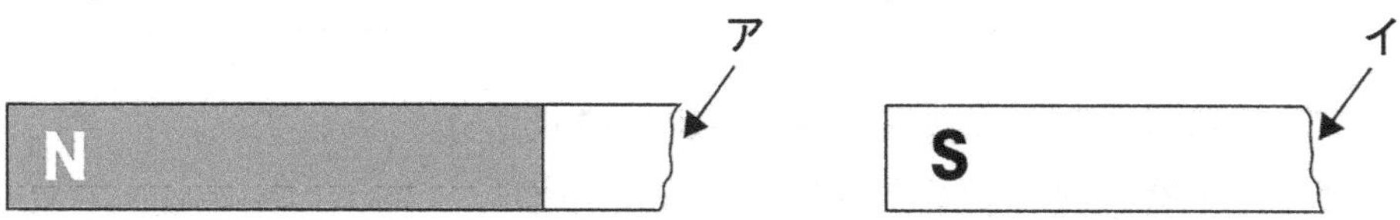


生徒：これはくっつきませんね。
先生：そうですね。くっつくというより，むしろ反発している力を感じます。
生徒：では，**ア**の面は（　①　）極になっているんですね。
先生：その通り。そして，**ア**の面と**イ**の面はくっついたので，**イ**の面は（　②　）極になっているということです。
生徒：先生，黒板につけていた円形の磁石を落としてわってしまったことがあるんですけど，そのときはわれた面をくっつけようとしてもくっつきませんでした。
棒磁石はわれた面どうしでくっつくのに，何がちがうんでしょうか。

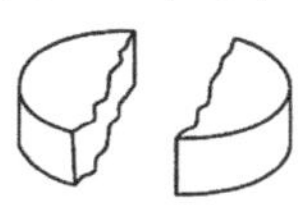

先生：その形の磁石を黒板につけるときはどのようにつけますか。
生徒：円の部分を黒板につけます。
先生：そう。つまり，**N**極や**S**極は円の部分だということです。だから，この場合はわれた面が**N**極や**S**極になるというわけではないのです。それに，もともと**N**極だった部分が**S**極に変わることはありません。

生徒：そうか，円形の磁石のわれた面がくっつかなかった理由は，（　③　）。

先生：そうですね。では，少しイメージを持ちやすくするために，こんな実験をしてみましょう。6個の小さめな棒磁石を用意して，区別できるようにa～fのシールを貼っておきます。まずaとbの棒磁石をこのように輪ゴムできつくとめておきます。

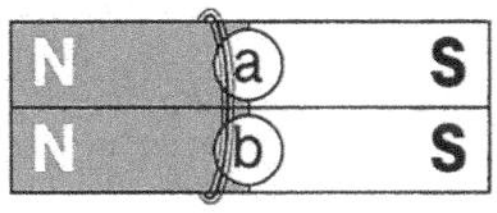


生徒：N極とN極，S極とS極は反発するから輪ゴムでとめておくんですね。

先生：そうです。これと同じようにcとdの棒磁石も輪ゴムでとめます。そして，そのN極をa bの棒磁石のS極に近づけます。

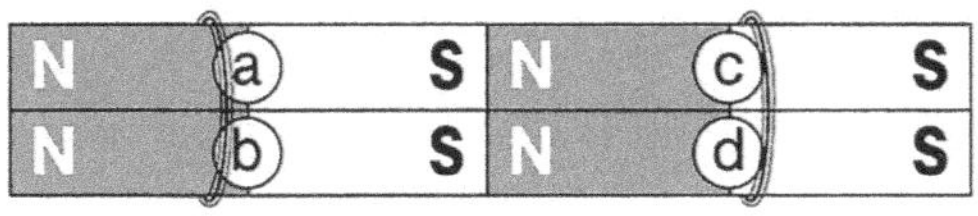


生徒：この場合はN極とS極だから，磁石の力でくっつきますね。

先生：同じようにして，eとfの棒磁石を輪ゴムでまとめたものもくっつけます。そして，これにゼムクリップを近づけてみると，このようになります。

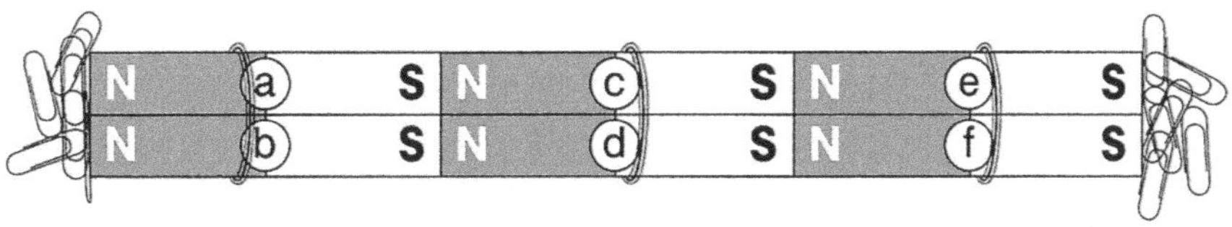


生徒：端にしかつかないんですね。

先生：そうです。aとcやbとd，cとeやdとfのつなぎめの位置は，（　④　）からゼムクリップはくっつかないのです。そして，N極だけ，S極だけがある端の位置にしか磁石の性質はあらわれないのです。

生徒：そうか。これを棒磁石だと考えれば，c dとe fのつなぎめを引きはなしてばらばらにすると，僕が折ってしまった棒磁石と同じということですね。

先生：その通りです。良い勉強になりましたね。

問１　文中の（　①　），（　②　）には，**N**と**S**のどちらが入りますか。それぞれ答えなさい。

問２　文中の（　③　）では，生徒が考えた『円形の磁石のわれた面がくっつかなかった理由』を説明しています。あなたならどのように説明しますか，答えなさい。

問３　文中の（　④　）では，先生が『つなぎめの位置』にゼムクリップが付かなかった理由を説明しています。あなたならどのように説明しますか。前後の文を参考にして答えなさい。

これは空白ページです。

［３］　敬さん（小学生）の家族は新幹線を使った旅行を計画しています。新幹線の料金は運賃と自由席特急料金を合わせたものです。下の表は，大人１人分の新幹線の運賃と自由席特急料金を表しています。また，小学生までは子ども料金となり，大人の料金の半額です。

表　運賃と自由席特急料金（大人）

上段…運賃
下段…自由席特急料金

| | | | | |
|---|---|---|---|---|
| 博多 | | | | |
| 1170<br>990 | 小倉 | | | |
| 5170<br>3400 | 3740<br>3400 | 広島 | | |
| 7480<br>4620 | 6380<br>4170 | 3080<br>2530 | 岡山 | |
| 9790<br>4960 | 8910<br>4960 | 5720<br>4170 | 3080<br>2530 | 新大阪 |

例えば，博多から新大阪までの大人１人分の片道料金は，運賃 9790 円と自由席特急料金 4960 円を合わせた 14750 円です。

次の □ にあてはまる数や式を書きなさい。

問１　小倉から広島まで大人１人分の片道料金は □ 円です。

問２　敬さんと父と母の３人で小倉から新大阪に行く場合，この３人分の片道料金は □ 円です。

問３　敬さんと愛さんと父と母の４人で下記のような新幹線を使った旅行の計画を立てました。

ただし，中学生の愛さんは学割を使うことができて，運賃だけが20%引きになります。

1日目　小倉から広島へ
2日目　広島から岡山へ
3日目　岡山から新大阪へ
4日目　新大阪から小倉へ

（ア）　愛さんがすべての区間で学割を使った場合，１日目から４日目までの愛さん１人分の料金がいくらになるか計算をしてみました。

解答用紙に式と答えを書きなさい。

（イ）（ア）のとき，４人分の料金は全部で［　　　］円になります。

2024(R6) 敬愛中
K 教英出版

2024(R6) 敬愛中
K 教英出版

# 敬愛中学校

2023年度　一般入学試験問題

# 国　　語

※　受験上の注意

1．問題は 1 ページから 15 ページまであります。制限時間は 50 分です。

2．解答用紙には、受験番号、氏名を忘れずに記入して下さい。

3．各問題とも解答は解答用紙の所定のところへ記入して下さい。

2023(R5) 敬愛中
教英出版

**注意** 字数が指定されている問題は、句読点や記号も一字とします。

【一】 次の文章を読んで、あとの問いに答えなさい。

　怒りは幼児教育の現場でも、学童保育（共働きなどにより、保護者が家にいない家庭の学齢児童を放課後や長期休暇等の折に保育する場）の現場でも、そして学校教育の現場でも、いえいえ家庭でも、町中でも、人がいる所ならそれが大人であろうと子どもであろうと、抱くべきでない感情として扱われていますよね。怒りと怒りのぶつかり合いがケンカで、ケンカはいけないものとされ、ケンカになりそうになると――それが（　A　）口げんかでも――ⓐシュウイの人たち、とりわけ大人は止めにかかります。その結果、①子どもたちの「ごめんね」「いいよ」の氾濫になる。「ごめんね」「いいよ」の氾濫って？　ええ、私も実は数年前まで知りませんでした。このことを最初に知らせてくれたのは長年、学童保育に携わってきた友人でした。学童保育の現場のいたるところで「ごめんね」「いいよ」が飛び交っているというのです。

　そういえば、といっしょにその友人の話を聞いていた幼稚園や保育園で働いている若い友人たちも、首をたてにふり始めました。そして何人かが言い出しました。「私たちが言わせているのかもしれません。「ごめんね」と言うほうも、「ごめんね」と言われて「いいよ」と応じるほうも、どちらも納得していないのに」と。ほんとうに、と私も思い始めました。私たちはもしかしたら、ちょっとしたケンカにも耐えられなくなっているのかもしれないと。

　もう二〇年も前のこと、ⓑ勤務先の短大の教室で、耳の聞こえない子どもたちにとって学ばなければならないのは口話法で、口の動きが読み取れると、たいへん便利なのだ、と学生たちに話す年輩の同僚に、私は「便利とは、どちらにとって？」と質問し、その場で一〇〇人ほどの学生を前に、その同僚と議論を始めたことがあります。今では、やっと手話も一つの言語として日本でも②市民権を獲得しつつありますが、その頃はまだ全くと言っていいほど認められておらず、敬虔なクリスチャンのその同僚が、手話を否定して口話法による教育をこそ、と学生たちに話すのも無理からぬことではありました。それを考慮にいれたうえで、私はそれでも口話法がろう者にいかに一方的に©クロウを強いるものであるかを話し、議論に持ち込もうとしたのですが、議論にならないうちに、思いがけない方角から（　X　）を差されました。③学生たちが、「けんかは止めてください」と言い出したのです。これはけんかではなく議論なのだと話しても、受け付けようとしません。とにかく、嫌だというのです。教員の私たち二人は、声を荒らげるでもなく、お互い穏やかに考えるところをぶつけ合っていたのですが、――ただし、私のほうが学生の目には、いささかしつこく追求しているように見えたかもしれません――学生たちはそれでも、そういう④議論は嫌だというのでした。これは私には見過ごせないとても大切な問題なのだと話しても、学生たちには私が年上の穏やかな男性にかみついていると見えたのでしょうか。私はそのとき、若い人たちがそれほどに議論というものに慣れていないこと、それゆえほとんど生理的に拒否してしまうようになっていることを思い知らされました。そしてまもなく、ある芝居をゼミの学生たちとみんなで観たことがきっかけになって、私は学生たちの多くが、親子げんかさえ（　B　）してはならない悪いことだと考えていることを知りました。その芝居『歌え、悲しみの深き淵より』（ロバート・アンダーソン作／木村光一ⓓエンシュツ／地人会）のクライマックスは、妻にも子どもたちにも自分の価値観を押しつけてきた男性に向かって、成人した息子が亡くなった母親の葬儀を巡ってついに立ち上がり、そこで父と息子の激しい対決が展開される場面でした。ところが、芝居を見た翌週、ゼミの教室に集まってきた学生たちは口々に「⑤あんなの、ありなんですね」と言い出したのです。私には、学生たちが口にした言葉の意味が一瞬わかりませんでした。

「あんなの、ありって？」

私は聞き返しました。

「父と子があんなふうにけんかすること」

と学生たちは答えました。「おうちではしないの？」と私は尋ねました。「しない」と学生たちは言います。それが<u>ⓔショウジキ</u>な答えであるかどうかは別にして、私はそのとき、学生たちが親子げんかは悪いこと、だからしてはならない、と思っていること、いえ少なくとも芝居を観るまではそう思っていたことをはっきりと知りました。ああ、遠い遠い昔から父と息子、母と娘、親と子の対立はいつもいつも文学のメイン・テーマの一つだったのに。もちろん日本だけでなく、世界のあちこちで。それほどに、これはどこにでもある実にありふれた、かつ永遠の問題であり続けて今日にいたっているのに。

それからまもなく私は、ある日の授業で——それは一時間目の一年生必修の授業でしたが——思い切って言ってみました。

「親とけんかして——けんかにまではいかなくても、むしょうに腹が立って——玄関の戸をピシャっと閉めて、「行ってまいります」のあいさつもなしに今朝、家を飛び出してきた人が、このクラスにひょっとすると半分くらいはいると思うわ」（半分とはちょっとオーバーでしたけれどね）。

とたんに<u>⑥教室の空気がふわーっとやわらぎました。</u>ああ、やっぱりと思いました。親と子がうまくいかないのは自分の家だけ、とみんな思っている。親子が対立するなんて、ましてやけんかするなんて恥ずべきこと、あってはならないことで、だから、みんな押し隠して、いつもうまくいっているような顔をしている。

（清水真砂子『大人になるっておもしろい？』岩波ジュニア新書）

**（注）** **敬虔**……かしこまって、深くうやまうさま。
**ろう者**……聴覚に障がいのある人。
**ゼミ**……大学の授業形式の一つ。ゼミナール。

**問一** ═線部ⓐ〜ⓔのカタカナは漢字に直し、漢字は読みをひらがなで答えなさい。

問二 （ A ）、（ B ）に当てはまる言葉として最も適当なものを次のア～エから選び、それぞれ記号で答えなさい（ただし、同じ記号は一度しか使ってはいけません）。

ア 決して　イ まるで　ウ 全然　エ たとえ

問三 （ X ）に当てはまる言葉として適当なものを次のア～エから一つ選び、記号で答えなさい。

ア 指　イ 釘（くぎ）　ウ 水　エ 魔（ま）

問四 ――線部①「子どもたちの『ごめんね』『いいよ』の氾濫」が起こる理由として**適当でないもの**を次のア～エから一つ選び、記号で答えなさい。

ア 大人が少しのケンカにも耐えられなくなっているから。
イ 大人が子どもたちのケンカを止めにかかるから。
ウ 大人であろうと子どもであろうと怒りの感情は抱くべきではないとされているから。
エ 大人が子どもに「ごめんね」や「いいよ」と言う練習をさせるから。

問五 ――線部②「市民権を獲得しつつあります」とありますが、「市民権を獲得する」とはどういう意味ですか。適当なものを次のア～エから一つ選び、記号で答えなさい。

ア 広く世間に認められつつあるという意味。
イ 世の中で頻繁（ひんぱん）に見かけるようになってきているという意味。
ウ 市民の間で使うことのできる権利を獲得しつつあるという意味。
エ 市役所で使われるようになってきているという意味。

問六 ――線部③「学生たちが、『けんかはやめてください』と言い出した」、④「議論は嫌だという」とありますが、学生たちがこのように言うのはなぜですか。五十字以内で説明しなさい。

**問七** ――線部⑤「あんなの、ありなんですね」とありますが、「あんなの」とはどのようなことですか。本文中から十字以内でぬき出して答えなさい。

**問八** ――線部⑥「教室の空気がふわーっとやわらぎました」とありますが、このときの教室の様子として最も適当なものを次の**ア**～**エ**から選び、記号で答えなさい。

**ア** ずっと学生に伝えたかったことを、思い切って言うことができ、筆者の緊張(きんちょう)がほぐれた様子。

**イ** 親子がうまくいかないのは自分の家だけだと思っていた学生たちが、そうではないと知り安心している様子。

**ウ** 筆者が勇気を出していったことが大げさだったため、学生たちが笑いをこらえている様子。

**エ** 朝、親子げんかをしてきたのを隠して何食わぬ顔で授業を受けていた学生たちが、恥ずかしがっている様子。

【二】 次の文章を読んで、あとの問いに答えなさい。

日が暮れてから帰宅すると父はまだ寝ていた。電気をつけ、台所の流しで手を洗っていると、物音が聞こえたのだろう、起き出してきた。①ぼくはその日にあったことを、順を追って話した。

佐丸というクラスの男子と展望館に行ったこと。そいつも元転校生で、いろんな話をしたこと。昼ご飯に宮本の家に連れて行ってもらったこと。焚き火の焼き芋がびっくりするほど美味しかったこと。そのあと近くのⓐ空き地でサッカーをやったこと。

父は寝癖のついたぼさぼさの髪を動かし、うんうん、そうかそうかと、うなずきながら聞いてくれた。そして手を伸ばし、ぼくの頭や肩、腕までも撫でさすった。

「よかったなあ。こんなに早く友だちができるなんて。フミ、すごいよ。驚いた。ひとりずつ、大事に丁寧に付き合うようにな。最初に来てくれたのは佐丸くんだったか。お父さんも覚えておくよ」

目を潤ませながら言うので、ぼくまで②鼻の奥がツンと痛くなった。喜びすぎだよ、お父さん。

③仕事先にトラブルがあり、父の身辺があわただしくなったのは夏前のことだった。気を揉んだ母は体調を崩し、寝たり起きたりの状態に。母方の祖母がたびたびやってきては世話を焼いてくれたので、ぼくも妹も助かったのだけれども、ことあるごとに子どもが不憫だ、可哀想だと騒ぐので気が滅入ってたまらなかった。

現実から目を背けるようにぼくは勉強に打ち込んだ。秋になると成果が出始め、ほっとしたのもつかの間、父の転勤が正式に決まった。上に逆らったための左遷であり、見せしめを兼ねた島流しだそうだ。こう言ったのは祖父や伯父で、祖母も含めて母の側の親族は皆、父に対して辛辣だった。

行きたければひとりで行け、すべては自分でⓑマネいたこと、家族を巻きこむな、顔も見たくない、さっさと出て



2023(R5) 敬愛中
教英出版

行け、ひとりになってやりたいようにやればいい、子どもたちはうちで引き取る、父親の資格などない、こんなことになるなら結婚を許すんじゃなかった、最初から心配していた、しょせん田舎者、いい面汚し。

言いたい放題だ。父は「すみません」「申し訳ありません」と頭を下げ続けたが、家族揃っての転居については譲らなかった。ついてきてほしいと、母にもぼくにも妹にも切々と訴えた。見たこともないほど真剣な顔でリビングのソファーに座り、自分の思いや考えをきちんと話してくれた。でも母は気分が悪そうにぐったりし、父を見ようともしなかった。

④それが返答であることは、子ども心にもよくわかった。妹はふたりの顔色を見比べおろおろし、やがて瞬きの回数が増えた。お腹が痛いと言って学校を休むようになった。祖父母や伯父はそれを知り、さらに感情的になって父をⓒセめ立てた。

ぼくはどうすればよかったのだろう。相談相手すら思い浮かばない。まわりの人に訊けば十中八九、行くなと言っただろう。自分も同じ質問を受けたら、やめとけと答える。せっかくの受験勉強が無駄になるだけでなく、失うものが多すぎた。

都会の真ん中と言っても、静かな住宅街に住んでいたのでⓓミドリが多く、小さい頃は近所の空き地で昆虫採集もボール遊びもできた。昔ながらの和菓子屋やパン屋、文房具屋もあれば、気取ったセレクトショップやしゃれたカフェもさりげなく街角に溶け込む。色とりどりの花が咲きほこり、街路樹の葉もきれいに茂っていた。

その上、教育水準は日本随一だ。本人のやる気次第で選択肢はいくらでも広がる。何をするにもどこに行くのも便利。流行のものが手に入りやすく、コンサートもライブも観劇もタクシー圏内。もっともあの頃のぼくにはそれが当たり前で、こういうものがない暮らしなど想像もつかなかった。

だから、なのだろう。十人のうち九人がNOと言っても、ぼくには迷う余地があった。自分ひとりのⓔ本音を取り出したら、一緒に来てほしいという父の気持ちに応えたかった。祖父母や伯父のように父を全否定できない。それどころか口汚い罵りの数々に辟易し、いつしか反発を募らせていた。
あんたたちにとっては気に入らない婿だろうが、ぼくにとってはたったひとりの父親だ。⑤自業自得だの、男のクズだの、勝手に言うな。
「⑥ついていく。受験はやめる。千葉に住む」
これを口にしたとき、みんな一斉に止めにかかった。祖父や伯父だけでなく、学校の先生や友だち、塾の先生まで説得しようとやっきになった。母はすがるようにして泣き、妹も泣き、祖母も泣いた。
でも決意をひるがえすような助言には、結果として出会わなかった。知らない土地で父親とふたりきり、どうやって暮らしていくんだと言われても、ほんとうにそうだとうなずくしかない。後悔するぞとの脅しもきかない。誰よりも先に、自分が自分にその言葉をくり返していた。
じっさいぼくは引っ越す前からうじうじと思い悩み、左遷の憂き目に遭った父を密かに恨んだ。家族のためになぜ我慢できなかったのかと、なじる言葉が喉元まで出かかった。祖父母や伯父が植え付けた黒い種はしょっちゅう芽を出し、はびこった。
でも、クラスの子とたった一日遊んだだけで、目を潤ませ洟をすする父を見て、ついてきてよかったと心から思えた。選択はまちがえてなかったと、自分に言えた。
「今日はご馳走にしよう」
「何を作るの？」
「これから考えるんだよ。肉もあるし、じゃが芋もタマネギもキャベツもあるぞ」
それで作ったご馳走気分の料理を、ぼくは結局おかわりしながら食べた。

（大崎梢『よっつ屋根の下』光文社）

（注）左遷……それまでよりも低い地位、役職に落とすこと。
島流し……ここでは遠い所や不便な所へ転勤させることを指す。
辛辣……言うことや他にあたえる批評の、きわめて手厳しいさま。
セレクトショップ……店独自の視点で選んだ複数ブランドの商品を取りあつかう店。
辟易……ひどく迷惑（めいわく）して、嫌気（いやけ）がさすこと。
はびこった……「はびこる」は良くないものの勢いが盛んになって広まること。

問一 ═══線部ⓐ～ⓔのカタカナは漢字に直し、漢字は読みをひらがなで答えなさい。
問二 ━━線部①「ぼくはその日にあったことを、順を追って話した」とありますが、そのときの父の気持ちとして最も適当なものを次のア～エから選び、記号で答えなさい。
ア　自分の仕事を優先した結果、息子につらい思いをさせてしまい申し訳なく思うとともに、息子がこれから友だちとうまくつき合っていけるのか心配している。
イ　自分の仕事の都合によって、息子を慣れない土地へ連れて行くことになったが、息子に早速（さっそく）友だちができたことを聞いて驚くとともに心から喜んでいる。
ウ　自分の仕事で起こったトラブルによって他人から裏切られ、辛（つら）い思いをしていたため、せめて息子には同じ思いをして欲しくないと強く願っている。
エ　自分の仕事において友だちに助けられてきたことがあるので、息子にも友だちを大切することの重要性を理解して欲しいと思っている。

問三 ――線部②「鼻の奥がツンと痛くなった」とはどのような様子ですか。最も適当なものを次の**ア**～**エ**から選び、記号で答えなさい。

**ア** 涙が出そうになっている様子　**イ** 驚いて何も口にできない様子

**ウ** 咳き込んで息がしにくい様子　**エ** 思わず笑い出しそうな様子

問四 ――線部③「仕事先にトラブルがあり」とありますが、「仕事先にトラブルがあ」った後に起こったこととして**適当でないもの**を次の**ア**～**エ**から一つ選び、記号で答えなさい。

**ア** 父のことで気をつかい、身体を壊した母を、母方の祖母がたびたび手伝った。

**イ** 祖父や伯父は、父が上司に逆らったために転勤になったと考えた。

**ウ** 転勤が決まったときに、母方の祖母は父に対して手厳しい態度を取った。

**エ** 家の中が落ち着かない状態だったので、「ぼく」は勉強に集中できなかった。

問五 ――線部④「それが返答であることは、子ども心にもよくわかった」とはどういうことですか。次の説明文の（　　）に当てはまる言葉を三十字以内で答えなさい。

（　　　　　　　　　　）ことが子どもの「ぼく」にも理解できたということ。

問六 ――線部⑤「自業自得」とありますが、「自業自得」の使い方として最も適当なものを次の**ア**～**エ**から選び、それぞれ記号で答えなさい。

**ア** 努力して速く走れるようになったのは自業自得でほこらしく思っていい。

**イ** 対戦相手が強く試合で負けてしまったのは自業自得としか言いようがない。

**ウ** みんなで協力して体育大会が盛り上がったのは自業自得の結果だろう。

**エ** 勉強せずにテストで悪い点を取ってしまったのは自業自得で言い訳のしようもない。

問七　――線部⑥「ついていく。受験はやめる。千葉に住む」と「ぼく」が決断した理由として最も適当なものを次の**ア**～**エ**から選び、記号で答えなさい。

**ア**　便利で快適過ぎた都会の暮らしに疑問を抱くとともに、祖父母や伯父から口汚い言葉を浴びせられている父の姿を見て、なぐさめたいと思うようになったから。

**イ**　勉強が順調に進まず受験したい気持ちがなえてしまうとともに、家族みんなで生活したいという父の言葉に賛同しようと固く決心したから。

**ウ**　都会から新しい土地へ引っ越すことに興味がわくとともに、どんなことがあっても父と一緒に暮らしたいという気持ちを捨てることができなかったから。

**エ**　心の奥底で父の思いに答えたい気持ちがあるとともに、父にひどい言葉をかけていた親族にうんざりし、反抗する気持ちが強くなったから。

問八　引っ越しに対する「ぼく」の気持ちとして最も適当なものを次の**ア**～**エ**から選び、記号で答えなさい。

**ア**　引っ越しが決まるまでに引っ越すべきかどうかをさんざん迷ったが、引っ越してみると案外上手く事が運んでいるので、母や妹も一緒に引っ越せばよかったのにと思っている。

**イ**　最初のうちは引っ越す原因を作った父を恨んでいたが、いざ引っ越してみると父も自分も楽しい生活ができているので、引っ越しも悪くはないと思うようになっている。

**ウ**　実際に引っ越す前は後悔の気持ちがあったが、引っ越し後の自分の話を聞き涙ぐむ父の姿を見て、自分の選択が正しかったと思い直している。

**エ**　引っ越すことによって家族が離ればなれになることにさびしさを感じていたが、思いがけず父の泣く姿を見て、落ち込んでばかりではいけないと強く思っている。

問九　本文の内容や表現に関する説明として適当なものを、次のア～カから二つ選び、記号で答えなさい。

ア　間に回想部分を挟み込むことで、引っ越しに至るまでの経緯が明らかにされている。

イ　家族に関わる問題が、「ぼく」や父、母のそれぞれの立場から描かれている。

ウ　「　」による会話を多く用いることで、臨場感を高めようとしている。

エ　現在の家族に起こりがちな問題を、引っ越しという出来事を通じて読者に強く訴えている。

オ　家族とそれを取り巻く出来事に対する「ぼく」の心情が、わかりやすく表されている。

カ　「ぼく」の前向きな気持ちが、本文全体を通して明るい印象をつくりだしている。

【三】　漢字や言葉について、次の問いに答えなさい。

問一　次の漢字の太線部分は何画目ですか。それぞれ漢数字で答えなさい。

①　情　②　何

問二　次の慣用句の（　）には体の一部が入ります。【　】の意味に合うように、それぞれ漢字一字で答えなさい。

①　（　）隠して尻隠さず
【自分の悪事や欠点の一部を隠しただけで、全部を隠したつもりでいること。】

②　壁に（　）あり障子に目あり
【隠し事をしようとしても、どこで誰が見たり聞いたりしているかわからないということ。】

③　仏の（　）も三度
【どれだけ温厚な人でも何度も無礼なことをされると怒るということ。】

【四】 次の文章を読んで、あなたの考えを書きなさい。なお、あとの《条件》に従って解答しなさい。

水泳用品メーカー「フットマーク」が昨年、小学1～3年生1200人に調査したところ、中身も含めたランドセルの重さは平均3・97キログラムだった。

また、90％の子どもが「ランドセルが重い」と感じていると回答。このうち2・7人に1人が、重い荷物を背負うことがおっくうで登校を嫌がった経験があると回答した。さらに3・1人に1人が、通学時に肩や腰・背中など身体の痛みを訴えたことがあったという。

大正大教授の白土健さんは、「ランドセルが重かったり痛かったりしても、子どもから言い出しにくい現状があるのではないか」とみる。

ランドセルが重くなっている背景には、何があるのか。

まず、教科書のページ数は年々増え続けている。一般社団法人教科書協会によると、各社平均で、2005年度が4857ページだったのに対し、20年度は8520ページと、15年間で1・7倍になった。すべての教科でページ数が増えているうえ、英語や道徳が必修化し、教科も増えた。

学校に教科書を置いておく「置き勉」が許されていない学校が多いことが大きい。冒頭の調査でも、46％の小学生が、学校で置き勉が禁止されていると回答した。

白土さんは、「通学時間、食事時間、睡眠時間もある中で、予習・復習のためにそこまで教材を持って帰ることが本当に必要なのかという教育論にもつながる」と指摘する。

さらに、国主導でＩＣＴ教育が推進されるなか、コロナ禍の休校の影響もあって、タブレットの支給が急速に進んだ。ケースや充電用のアダプターも入れて持ち帰ることを考えると、相当な重さになる。

また、コロナ禍の感染対策で各自、水筒の持参を求めるようになった学校も多い。

白土さんは、「本来ならデジタル化が進んでランドセルの中身は軽くなっているはずが、置き勉が進まないうちにコロナ禍でタブレットや水筒などランドセルの中身が増え、過渡期の問題が発生している」と指摘。「ランドセルの中身の議論に、これまで以上に大人が踏み込む時ではないでしょうか」と投げかける。

（「ランドセル、どんどん重く？　大量の教科書とタブレットと水筒と…」二〇二二年六月十二日『朝日新聞デジタル』）

**（注）過渡期**……旧いものから新しいものへと移って行く途中の時期。

**《条件》**

**1**　題名などを書かないで、本文を一行目から書き始めること。

**2**　二段落構成とし、第一段落では、筆者が指摘している問題点を一つ挙げ、第二段落では、それに対するあなたの考えを理由と合わせて書くこと。

**3**　全体が筋の通った文章になるようにすること。

**4**　漢字を適切に使い、原稿用紙の正しい使い方に従って十行以上、十二行以内で書くこと。

# 敬　愛　中　学　校

## 2023年度　一般入学試験問題

# 算　　　数

※　受験上の注意

1．問題は 1 ページから 11 ページまであります。制限時間は 50 分です。

2．解答用紙には、受験番号、氏名を忘れずに記入して下さい。

3．各問題とも解答は解答用紙の所定のところへ記入して下さい。

[1]　次の □ にあてはまる最も簡単な数を書きなさい。

(1)　$10+4\times3-18\div2=$ □

(2)　$5+\{18-(6-3)\times2\}=$ □

(3)　$1-\left(1\frac{1}{5}-\frac{2}{3}\right)\div4=$ □

(4)　$14.91\div0.21\times0.3=$ □

(5)　4 %の食塩水 300 gを作るのに必要な水の量は □ gです。

(6)　下の図は，正方形と２つのおうぎ形を組み合わせたものです。

かげをつけた部分の面積は［　　　］$cm^2$ です。

ただし，円周率は3.14とします。

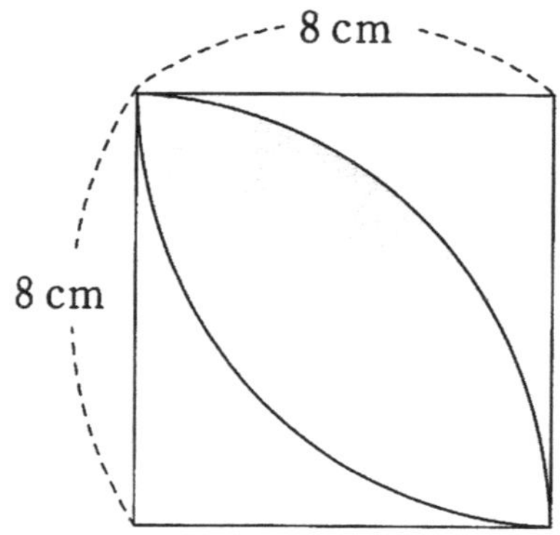


(7)　あるテストにおいて，男子５人の平均点が72.4点，女子４人の平均点が76点だったとき，男女合わせた９人の平均点は［　　　］点です。

(8)　下の図のように，おうぎ形の点Oが弧(こ)に重なるように折り返したとき，図のあの角度は［　　　］°です。

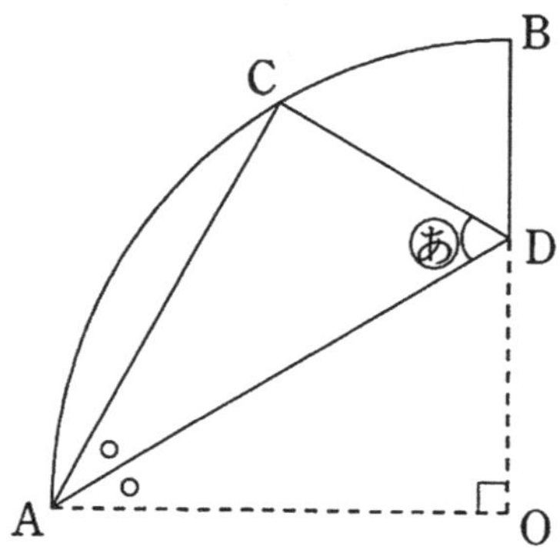

［2］　次の ☐ にあてはまる数を書きなさい。

ただし，(1)の①は問題の指示にしたがいなさい。

(1)　下の図は，直方体から三角柱を切り取ったものです。

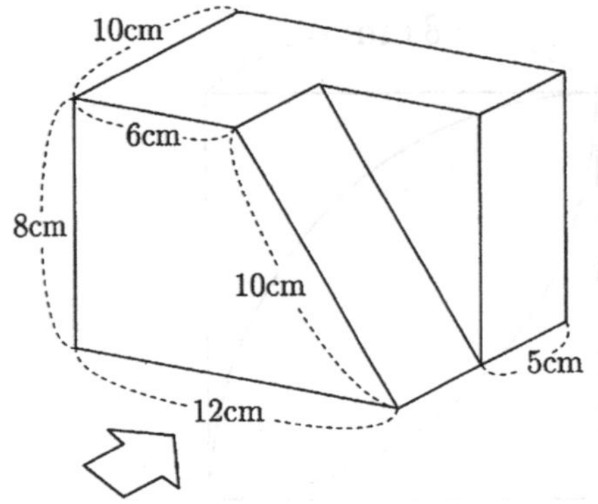


①　この立体を矢印の方向（正面）から見た図をかきなさい。
ただし，方眼の1目もりを1cmとする。

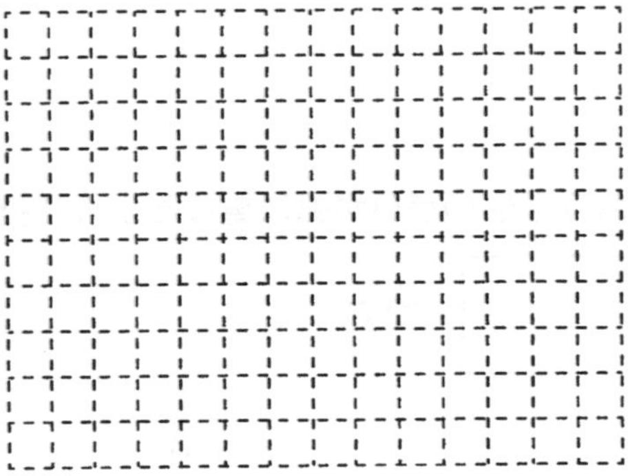

②　この立体の体積は ☐ $cm^3$ である。

(2)　20人の児童に全部で3問のテストをして得点を調べたところ，下の表のようになりました。このテストは1番を正解すると1点，2番を正解すると2点，3番を正解すると2点が得られます。

| 得点 | 0 | 1 | 2 | 3 | 4 | 5 |
|---|---|---|---|---|---|---|
| 人数 | 0 | 2 | 2 | 3 | 7 | 6 |

①　3問とも正解した児童の人数の割合（わりあい）は，全体の［　　　］％です。

②　3番を正解した児童は13人いました。2番を正解した児童は全部で［　　　］人です。

[3] 下の図のように，長方形ABCDの辺上に点E，Fをとります。

次の □ にあてはまる数を書きなさい。

ただし，(3)は問題の指示にしたがいなさい。

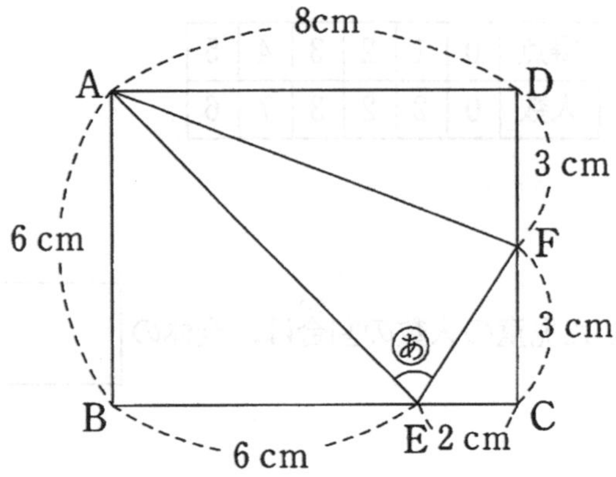


(1) 三角形AEFの面積は □ $cm^2$ です。

(2) 上の図の状態から点Fを点Dの方向へ □ cm 動かすと，

三角形AEFの面積が 21$cm^2$ になります。

(3) 上の図の状態から点Fを点Cの方向へ何 cm か動かすと，あ の角度が 90 °になりました。このとき，点Fを 何 cm 動かしましたか。

考え方や式をかいて答えなさい。

点Fを □ cm 動かせばよい。

— 計 算 紙 —

［４］　敬さんと愛さんは，1周200 mのランニングコースを，同じ位置から同じ方向に同時にスタートします。敬さんは分速150 m，愛さんは分速120 mで走ります。

次の［　　　］にあてはまる数を書きなさい。

(1)　敬さんがこのコースを1周するのに［　分　秒］かかります。

(2)　敬さんと愛さんの走った道のりに1周の差がつくのは，スタートしてから［　分　秒］後です。

(3)　このコースで15周走ります。敬さんは3周走るたびに毎回2分間の休けいをとり，愛さんは5周走るたびに毎回同じ時間の休けいをとります。

敬さんと愛さんが同時にゴールするためには，愛さんは1回あたり［　分　秒］間の休けいをとる必要があります。

— 計 算 紙 —

［5］ ある小学校の，6 年生の男子の人数は，6 年生全体の人数の $\frac{4}{7}$ です。

次の □ にあてはまる最も簡単な数を書きなさい。

ただし，(2)の①は分数で答えなさい。

(1) 6 年生の男子と女子の人数の比は ［　：　］ です。

(2) 6 年生の女子の人数が 6 年生全体の人数の $\frac{1}{5}$ より 24 人多いとき，

24 人は 6 年生全体の人数の ［①　　］ であり，

6 年生の男子の人数は ［②　　］ 人です。

— 計 算 紙 —

［６］　○，△，□，☆のマークがついたコインがあり，次のルールで交換(こうかん)することができます。

＜交換のルール＞
① ○マークのコイン２枚で，△マークのコイン１枚と交換できる。
② △マークのコイン３枚で，□マークのコイン２枚と交換できる。
③ □マークのコイン３枚と△マークのコイン１枚で，
☆マークのコイン１枚と交換できる。
④ ①～③のルール以外の交換はできない。

次の［　　］にあてはまる数を書きなさい。

(1)　○マークのコインだけで□マークのコインを６枚つくるには，

○マークのコインが［　　］枚必要です。

(2)　△マークのコインだけで☆マークのコインを２枚つくるには，

△マークのコインが［①　　］枚必要です。

○マークのコインだけを200枚持っていたとき，☆マークのコインは最大で［②　　］枚つくることができます。

(3)　○，△，□マークのコインを6：2：1の割合で持っている人がいます。
これらのコインを使って☆マークのコインに交換したところ，
○，△，□マークのコインはちょうどなくなりました。

このとき，☆マークのコインは最も少ない場合は［　　］枚あります。

— 計 算 紙 —

2023(R5) 敬愛中
教英出版

# 敬 愛 中 学 校

2023年度　一般入学試験問題

# 理　　科

※　受験上の注意

1．問題は 1 ページから 10 ページまであります。制限時間は 40 分です。

2．解答用紙には、受験番号、氏名を忘れずに記入して下さい。

3．各問題とも解答は解答用紙の所定のところへ記入して下さい。

**1** 葉のはたらきを調べるために，ツバキを使って次の実験を行った。各問いに答えなさい。

右の写真のように，水 130cm$^3$ と少量の油を入れたメスシリンダーを用意し，次の **a** ～ **d** のようにした小枝をさした。ただし，小枝の太さや長さ，葉の大きさや枚数はほぼ同じものとする。なお，ワセリンは，水や気体を通さない。

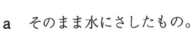

**a** そのまま水にさしたもの。

**b** すべての葉の表側にワセリンをぬったもの。

**c** すべての葉の裏側にワセリンをぬったもの。

**d** すべての葉を取り，切り口にワセリンをぬったもの。

24 時間後の水の量を調べたら，表のような結果となった。

| | a | b | c | d |
|---|---|---|---|---|
| 水の量〔cm$^3$〕 | X | 106 | 120 | 128 |

(1) この実験は，植物の何というはたらきについて調べようとするものか。**漢字２文字**で答えなさい。

(2) 少量の油を入れたのは，水面からの水の蒸発を防ぐためである。なぜそのようにしたのか，実験の目的をふまえて理由を答えなさい。

(3) 表の結果から，次の問いに答えなさい。

① (1)のはたらきについて，葉の表側と裏側のどちらでさかんに行われているかを調べるには，**a** ～ **d** のどれとどれを比べたら分かるか。

② くきから失われた水の量は何 cm$^3$ か。

③ 葉の裏側から失われた水の量は何 cm$^3$ か。

④ **X** は何 cm$^3$ か。

(4) 実験の結果をもとに，次の（　　）に入る語句をそれぞれ答えなさい。

(1)のはたらきを主にする場所は，葉の（　**A**　）側であることが分かった。その場所をけんび鏡で観察すると，たくさんの小さな穴がみられた。その穴を（　**B**　）という。

(5) 右の図は，(4)で答えたたくさんの小さな穴をスケッチしたものである。穴の部分をぬりつぶしなさい。

(6) 実験で使ったツバキのような植物の説明として正しいものを，次の**ア**～**オ**から２つ選び，記号で答えなさい。

**ア**　根，くき，葉に水の通り道がある。

**イ**　葉から取り入れられた水の一部は，くきを通って，根から出ていく。

**ウ**　根から取り入れられた水の一部は，植物のからだをまわって，再び根から出ていく。

**エ**　根から取り入れられた水の一部は，くきを通って，葉から出ていく。

**オ**　根，くき，葉の全ての場所から水を取り入れる。

2　次の会話文を読み，各問いに答えなさい。

敬太さん　今日も暑いね。

愛子さん　最高気温は，35℃まで上がるらしいわ。

敬太さん　a 気温ってどうやってはかっているのだろう。

愛子さん　それはよく知らないわ。でも，（　b　）ことは知っているわ。

敬太さん　そうだね。c 晴れの日と雨の日の気温の変化をグラフにしてみたよ。

愛子さん　天気と気温の変化は関係があるのね。

敬太さん　あっ，もうすぐ強い雨が降るかもしれないね。（　d　）からね。

愛子さん　敬太さんの天気予報ね。当たるかしら。e 昔からの言い習わしの方が当たるかもね。

(1)　下線部aについて，気温をはかるとき，温度計はどのような場所に置けばよいか。次の**ア**～**カ**からすべて選び，記号で答えなさい。

**ア**　日なたに置く。　　**イ**　日かげに置く。

**ウ**　風通しのよいところに置く。　　**エ**　風が通らないところに置く。

**オ**　地面の上に置く。

**カ**　地面から1.5mくらいの高さのところに置く。

(2)　（　b　）に入る文として最も適当なものを次の**ア**～**エ**から選び，記号で答えなさい。

**ア**　太陽の高さが最も高くなったとき，気温は最も低くなる

**イ**　太陽の高さが最も高くなったとき，気温は最も高くなる

**ウ**　晴れの日の一日の気温は，日の出ごろ最も低くなる

**エ**　にわか雨（夕立）が降ると，急に気温が上がる

(3) 下線部**c**について，次のグラフを見て，各問いに答えなさい。

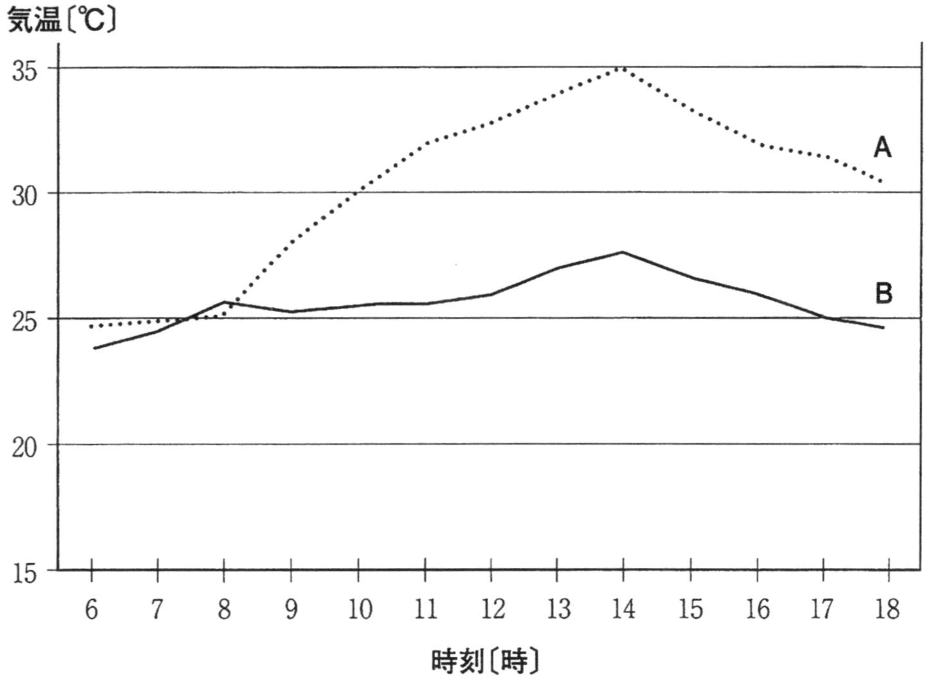


① 晴れの日の気温の変化を表しているグラフは**A**，**B**のどちらか，記号で答えなさい。また，選んだ理由を答えなさい。

② 気温は14時ごろに最も高くなっている。その理由を答えなさい。

(4) （ **d** ）に入る文として最も適当なものを次の**ア**～**エ**から選び，記号で答えなさい。

**ア** ひつじ雲（高積雲）が広がっている

**イ** 入道雲（積乱雲）が近づいている

**ウ** いわし雲（巻積雲）が出ている

**エ** うろこ雲（巻積雲）が出ている

(5) 下線部 **e** について，昔から天気の変化に関するいろいろな言い習わしがあります。次の**ア**～**エ**のうち，言い習わしとして**誤っているもの**を１つ選び，記号で答えなさい。

**ア**　太陽や月のまわりに光の輪がかかると雨

**イ**　夕焼けは晴れ，朝焼けは雨

**ウ**　アマガエルが鳴くと雨

**エ**　ツバメが高く飛ぶと雨，低く飛ぶと晴れ

(6) 次の（　　）に入る最も適当な語句をそれぞれ答えなさい。

晴れとくもりの天気は，おおよその（　①　）の量で決められている。空全体の広さを10としたとき，空をおおっている（①）の量が０～１のときを（　②　），２～８のときを（　③　）とする。また，９～10のときを（　④　）という。

3　次の会話文を読み，（　　）に入る数字や語句，文を答えなさい。また，④は選んだほうを○でかこみ，⑨は**ア**～**エ**から１つ選び，記号で答えなさい。

おじさん　最近は，電車に乗っていても静かになったなぁ。昔は，電車といえば「ガタン，ゴトン」という音だったのにね。

敬太さん　え？どうしてそんな音が出るの？

おじさん　この**資料１**を見てごらん。レールとレールのつなぎ目は，少しすき間が開いているんだ。そこを車輪が通るときに，音が出るんだ。

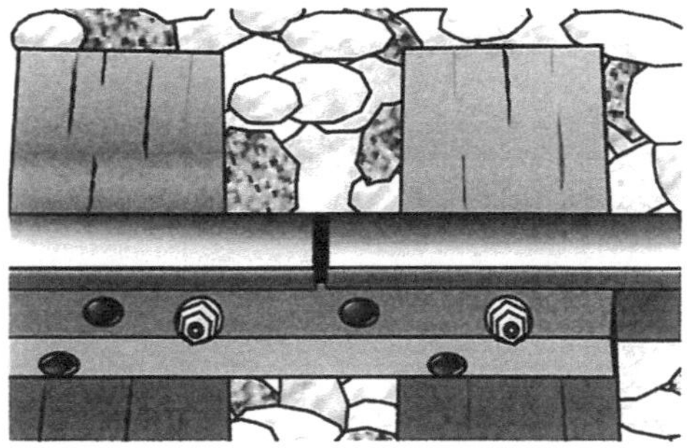

**資料１**

そして，レール１本は25mと決まっていたので，音の間隔(かく)で電車のだいたいの速さも計算できていたんだよ。

敬太さん　もし音の間隔が２秒だったら，電車の速さは，秒速（　①　）mということになるね。時速になおすと時速（　②　）kmだ。でも，なぜすき間が開いているの？

おじさん　もう１枚の**資料２**を見てごらん。これはとても暑い日に起こったことなんだ。

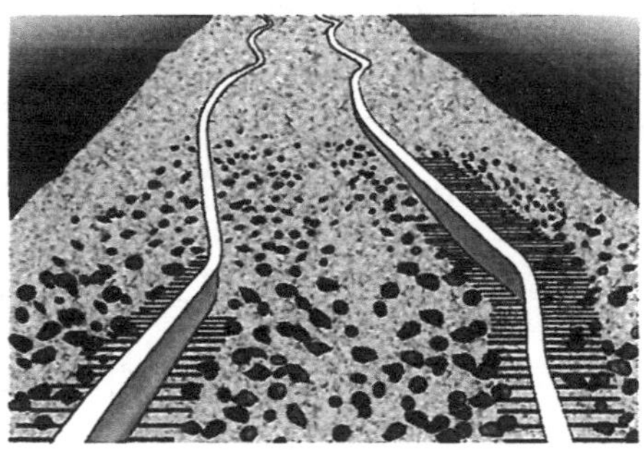

**資料２**

敬太さん　レールがぐにゃぐにゃに曲がってるね。これじゃ，電車が脱(だっ)線してしまうよ。

おじさん　そうなんだ。レールは鉄でできているけど，鉄に限らず多くのものは温度が上がると体積が（　③　）という性質を持っている。だから気温がとても高くなると，このようなことになってしまうんだ。

敬太さん　なるほど。これを防ぐためのすき間だったんだね。

おじさん　このしくみは橋などにも使われているんだ。この**資料３**を見てごらん。

**資料３**

敬太さん　この**資料３**の季節は，すき間が大きいから（④　夏　・　冬　）と考えられるね。

ところで，さっき「多くのものは」って言っていたけど，「すべてのもの」ではないの？

おじさん　例えば，水はどうだろう。水の状態のまま温度が上がると体積が（　⑤　）。また，温度が下がって水が氷になるときは体積が（　⑥　）ね。

敬太さん　なるほど。この間，ペットボトルを凍(こお)らせると大変なことになっていたからね。

あれ？でも炭酸ジュースは，ぬるくなるとペットボトルがパンパンになってしまうけど，これも同じことなの？

おじさん　君はいろいろなことに興味を持つね。いいことだ。

炭酸ジュース，つまり炭酸水は何からできているかな？

敬太さん　（　⑦　）が水に溶(と)けた水溶(よう)液だね。

おじさん　そうだね。気体は，水溶液の温度が上がると溶け（　⑧　）なるからね。だからそんなふうになってしまうんだ。

おっと，話がずいぶんずれちゃったけど，電車の「ガタンゴトン」に戻(もど)ろう。最近のレールは，音が出にくいようにつなぎ目の部分に工夫がされているんだ。どんなふうになっていると思う？

敬太さん　え～，難しいな。

う～ん。（　⑨　）のようにすると，**資料２**のようにならずに，スムーズに電車が走れるんじゃないかな？

**ア**

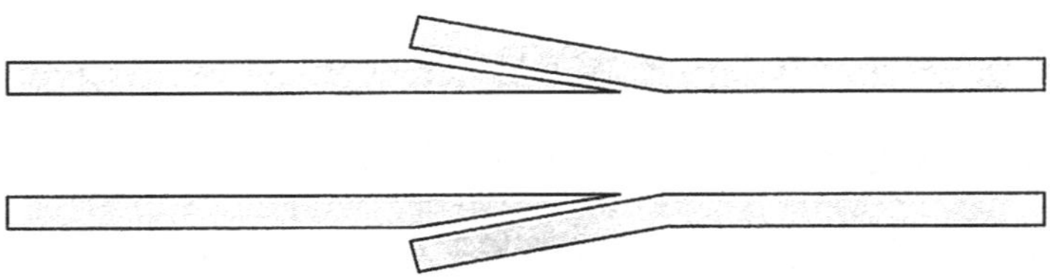

**イ**

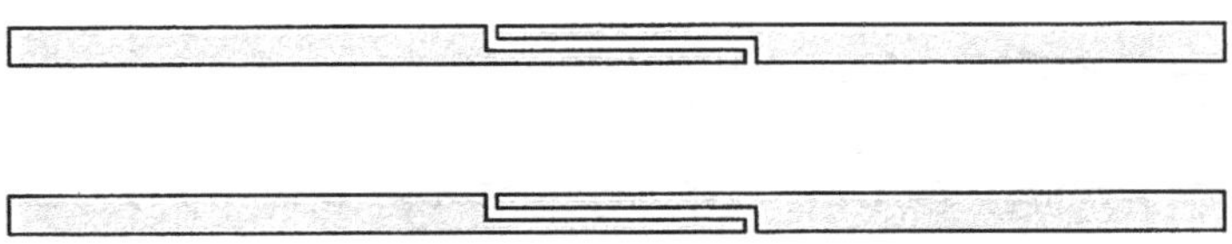

**ウ**

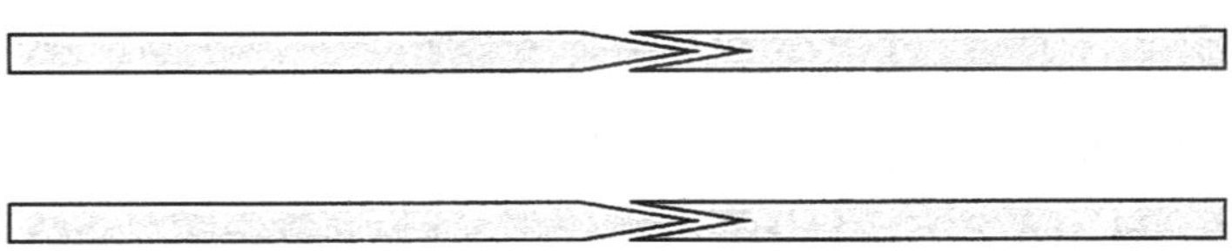

**エ**

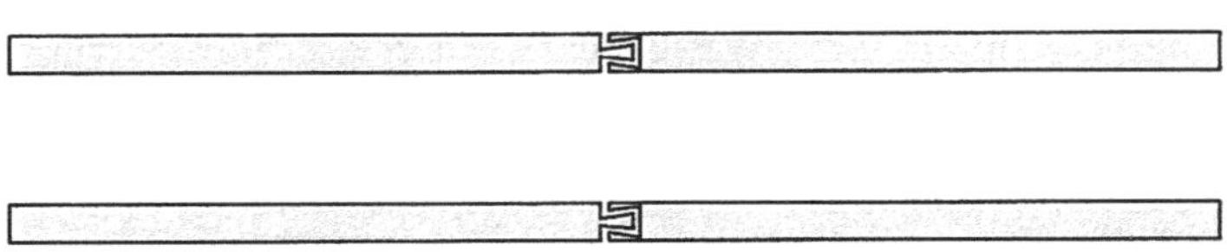

おじさん　おぉ！正解だ。天才だね！

4 敬太さんは，環境についての授業で，二酸化炭素の排出(はいしゅつ)量を減らさなければ地球温暖化が進行するということを学んだ。敬太さんは，何を燃やすとどのくらい二酸化炭素が出てくるのか調べてみることにした。材料は身近にあった，紙，ペットボトル，炭の３種類を使った。次の問いに答えなさい。

(1) SDGsは国連で採用された「持続可能な開発目標」という意味です。SDGsには，いくつの目標があるか，数を答えなさい。

(2) 二酸化炭素の性質について述べた文となるように，（　　）に入る語句として適当なものを下の選択肢(せんたくし)からそれぞれ選び，記号で答えなさい。

二酸化炭素は空気より（ ① ），水に（ ② ）性質がある。水に溶けた二酸化炭素は，（ ③ ）性の特徴(ちょう)があり，（ ④ ）色リトマス紙を（ ⑤ ）色に変化させる特徴がある。二酸化炭素を水に溶かした溶液を石灰水に通じると（ ⑥ ）にごる性質がある。

① ア 重く　イ 軽く

② ア 溶けにくい　イ 少し溶ける　ウ よく溶ける

③ ア 酸　イ 中　ウ アルカリ

④ ア 青　イ 赤　ウ 緑

⑤ ア 青　イ 赤　ウ 緑

⑥ ア 赤く　イ 黒く　ウ 白く

(3) 紙，ペットボトル，炭を少量用意し，それぞれを**図**の容器中に入れて火をつけた。すると，3種類とも一部だけが燃えて火が消えた。その後，容器の中の二酸化炭素の量を気体検知管で調べたところ，**表**のような結果になった。ただし，燃やす前の容器内の二酸化炭素の量は考えないものとする。

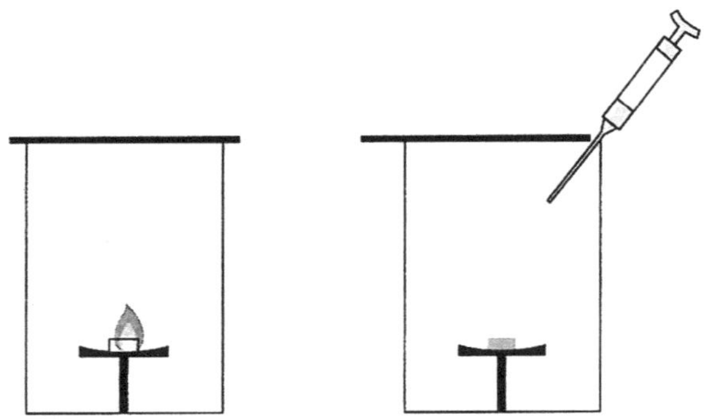

**図**

| | 紙 | ペットボトル | 炭 |
|---|---|---|---|
| はじめの重さ〔g〕 | 0.6 | 0.4 | 0.3 |
| 燃え残った重さ〔g〕 | 0.2 | 0.1 | 0.2 |
| 二酸化炭素の量〔%〕 | 4.0 | 3.8 | 2.0 |

**表**

① 結果から，発生した二酸化炭素は紙を燃やしたときが最も多かったため，敬太さんは3種類の中で紙が最も多くの二酸化炭素を出すものだと考えました。しかし，敬太さんの考えは正しくありません。正しい考え方を説明しなさい。

② ①の考え方をふまえ，二酸化炭素を多く出す順に並べたものとして最も適当なものを次の**ア**～**エ**から選び，記号で答えなさい。

**ア** 炭，紙，ペットボトル　　**イ** 炭，ペットボトル，紙

**ウ** ペットボトル，紙，炭　　**エ** ペットボトル，炭，紙

③ 紙1gあたりで二酸化炭素は何g発生しますか。ただし，容器の体積は2000cm$^3$とする。また，二酸化炭素は1cm$^3$あたり0.002gとする。

# 敬 愛 中 学 校

2023年度　一般入学試験問題

# 社　　　会

※　受験上の注意

1．問題は 1 ページから 14 ページまであります。制限時間は 40 分です。

2．解答用紙には、受験番号、氏名を忘れずに記入して下さい。

3．各問題とも解答は解答用紙の所定のところへ記入して下さい。

# ［1］ 世界地図を見て、問いに答えなさい。

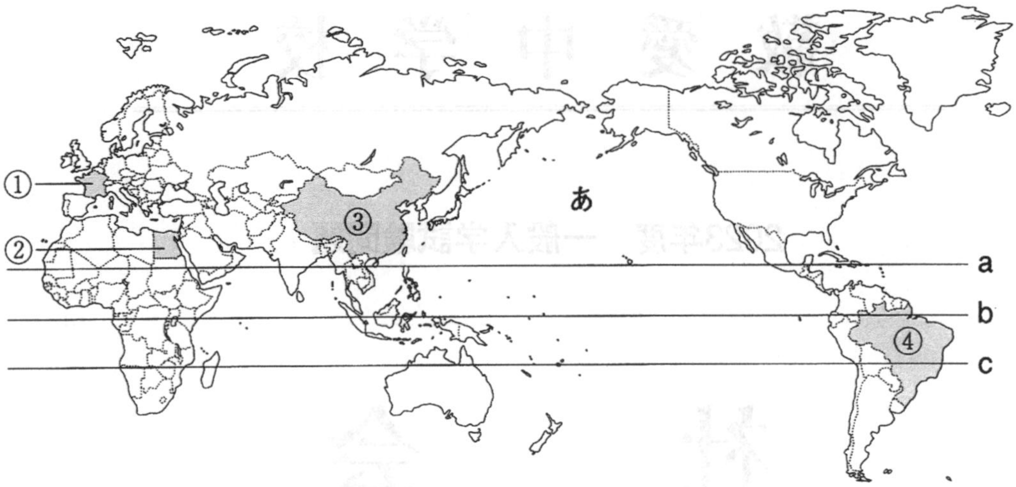


問１　地図中**あ**の海洋の名前を答えなさい。

問２　地図中**a**～**c**から赤道にあたるものを一つ選び、記号で答えなさい。

問３　次の写真は、地図中①～④のいずれかの国にある世界遺産です。どの国にあるか、番号で答えなさい。また、国の名前も答えなさい。

問４　次のグラフは、日本からオーストラリアへの輸出品目とその割合（2019年）を表しています。グラフ中**い**にあてはまる品目を**ア**～**エ**から一つ選び、記号で答えなさい。

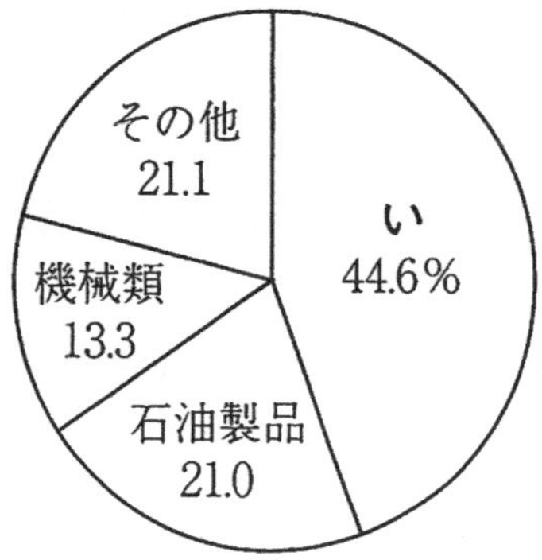


（「日本国勢図会2020/21」より作成）

**ア**　衣類　　**イ**　魚介類　　**ウ**　鉄鋼　　**エ**　自動車

［2］　愛子さんは、日本の地理的な特色をレポートにまとめました。このレポートを見て、問いに答えなさい。

・日本は［ 1 ］大陸の東側に位置し、南北に長い国土です。①北海道・本州・［ 2 ］・九州の大きな四つの島を中心に②たくさんの島から成り立っています。
・③山地が多く、国土の４分の３を占(し)めています。火山も多く見られます。
・④四方を海に囲まれています。地形や⑤海流の影響で、多くの種類の魚介類が集まるため、漁業がさかんです。
・⑥地域によって気候が大きく異なります。気候の違いを生かした⑦農業が行われています。
・⑧関東地方の南部から九州地方の北部にかけて、工業のさかんな地域が海沿(そ)いに見られます。

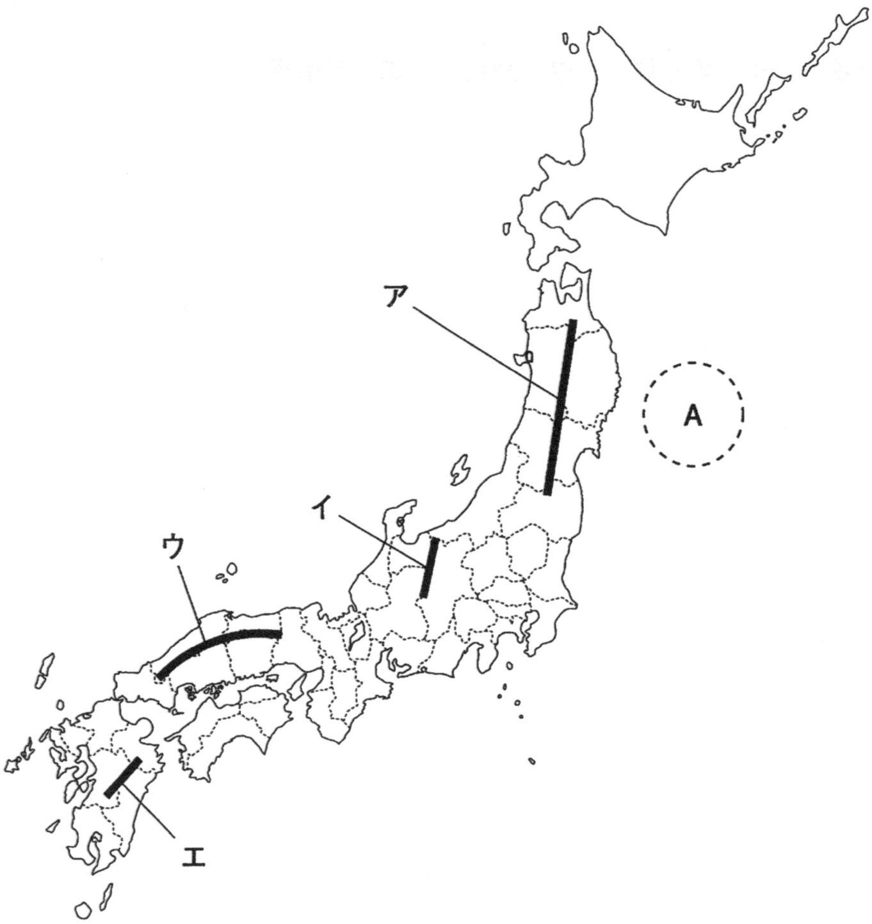

問1 [1]と[2]にあてはまる語句を答えなさい。

問2 下線部①の説明として**誤っているもの**を**ア**～**エ**から一つ選び、記号で答えなさい。

**ア** 冬の寒さはきびしく、内陸の地域では零下(れいか)20度を下回る日もあります。日本海に面した地域では、海水がこおった流氷が見られます。

**イ** 津軽海峡(つがるかいきょう)の海底を通る青函(せいかん)トンネルで本州と結ばれています。2016年には北海道新幹線も開通しました。

**ウ** 広大な土地を生かして、大型機械を使った大規模な農業が行われています。てんさいなど、寒い気候のもとで育てやすい作物の生産もさかんです。

**エ** 独自の文化をもつ先住民族のアイヌの人たちが住み、アイヌ語がもとになった地名がたくさんあります。

問3 下線部②について、日本の一番西にある島を**ア**～**エ**から一つ選び、記号で答えなさい。

**ア** 択捉島(えとろふ)　**イ** 南鳥島　**ウ** 与那国島(よなぐにじま)　**エ** 沖ノ鳥島

問4 下線部③について、「日本の屋根」の一部である飛驒(ひだ)山脈の位置を地図中**ア**～**エ**から一つ選び、記号で答えなさい。

問5 下線部④について、海に面していない県は全部で8県あります。そのうち、最も南にある県の名前を答えなさい。

問6 下線部⑤について、地図中**A**は暖流と寒流がぶつかるところです。これを何というか答えなさい。

問7 下線部⑥について、瀬戸内の気候の説明を**ア**～**エ**から一つ選び、記号で答えなさい。

**ア** 一年を通して晴天の日が多く、降水量は少なめで、冬も温暖です。

**イ** 一年を通して降水量が多く、梅雨(つゆ)入りが早く、夏は高温になります。

**ウ** 冬は季節風の影響で雪や雨がよく降り、夏よりも降水量が多いです。

**エ** 夏は季節風の影響で気温が高く降水量も多いですが、冬は乾燥した晴れた日が続きます。

問８　下線部⑦について、次の**A**～**C**の表は、米、キャベツ、いちごのいずれかの農作物について、上位５道県の生産量（米は2019年、キャベツといちごは2018年）を表しています。それぞれどの農作物があてはまりますか。**ア**～**カ**から正しいものの組み合わせを一つ選び、記号で答えなさい。

**A**

| 順位 | 道県 | 量（t） |
|---|---|---|
| 1位 | 群馬県 | 276,100 |
| 2位 | 愛知県 | 245,600 |
| 3位 | 千葉県 | 124,900 |
| 4位 | 茨城県 | 109,500 |
| 5位 | 鹿児島県 | 75,800 |
| | 全国計 | 1,467,000 |

**B**

| 順位 | 道県 | 量（t） |
|---|---|---|
| 1位 | 栃木県 | 24,900 |
| 2位 | 福岡県 | 16,300 |
| 3位 | 熊本県 | 11,200 |
| 4位 | 静岡県 | 10,800 |
| 5位 | 長崎県 | 10,200 |
| | 全国計 | 161,800 |

**C**

| 順位 | 道県 | 量（t） |
|---|---|---|
| 1位 | 新潟県 | 646,100 |
| 2位 | 北海道 | 588,100 |
| 3位 | 秋田県 | 526,800 |
| 4位 | 山形県 | 404,400 |
| 5位 | 茨城県 | 376,900 |
| | 全国計 | 7,762,000 |

（「日本国勢図会2020/21」より作成）

**ア**　**A**：米　**B**：キャベツ　**C**：いちご
**イ**　**A**：米　**B**：いちご　**C**：キャベツ
**ウ**　**A**：キャベツ　**B**：米　**C**：いちご
**エ**　**A**：キャベツ　**B**：いちご　**C**：米
**オ**　**A**：いちご　**B**：米　**C**：キャベツ
**カ**　**A**：いちご　**B**：キャベツ　**C**：米

問９　下線部⑧について、次のグラフは、北関東、京浜、中京、阪神の工業地帯・地域の工業生産額とその内わけ（2017年）を表しています。このうち、京浜工業地帯にあてはまるものを**ア**～**エ**から一つ選び、記号で答えなさい。

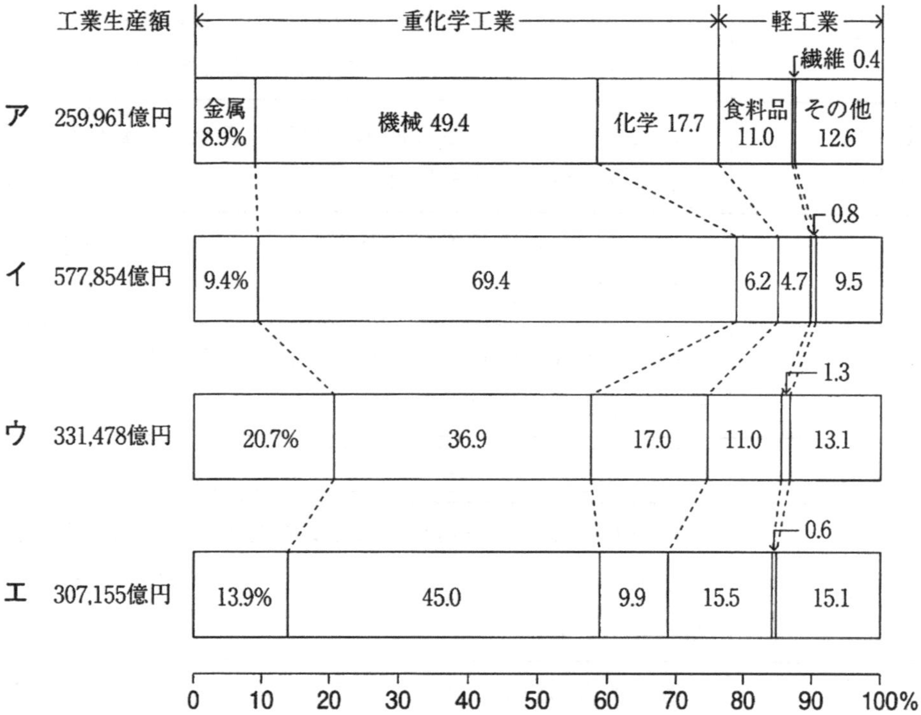


（「日本国勢図会2020/21」より作成）

［3］ 敬太さんは日本の農業や村の人々のくらしについて調べ、時代ごとの特色を表にまとめました。表を見て、問いに答えなさい。

| | 農業と村の人々の生活 |
|---|---|
| ①弥生時代 | 稲作が伝わり、水田近くにはむらがつくられました。むらとむらが争うなかで、小さな国が生まれました。 |
| 古墳時代<br>飛鳥時代 | 大陸からわたってきた渡来人たちによって、養蚕（ようさん）やさまざまな技術が伝わりました。 |
| ②奈良時代 | 人々は国から土地を貸し与えられ、さまざまな税を負担するようになりました。 |
| 平安時代 | 都から各地に派遣（はけん）された役人が、村の人々をつかって大規模に土地を切り開いていきました。 |
| ③鎌倉時代 | A |
| ④室町時代 | 村の人々は力を合わせて農作業をおこない、話し合いによって生活のきまりをつくったり、ほかの村との交渉（こうしょう）を進めたりしました。 |
| ⑤安土・桃山時代 | 豊臣秀吉の政策によって、田畑の面積や土地の良しあしなどが記録され、耕作者は田畑を耕す権利を認められるかわりに、年貢（ねんぐ）を納める義務を負うようになりました。 |
| ⑥江戸時代 | B |

問１　表中の［A］・［B］にあてはまる文を**ア**～**エ**から一つずつ選び、それぞれ記号で答えなさい。

**ア**　年貢に代わって、土地の価格に応じた地租（ちそ）という税金を納めるようになりました。

**イ**　人の多く集まる場所で行われていた市が発達し、栽培がすすんだ綿を原料に手工業がさかんになりました。

**ウ**　村は村役人を中心に運営され、五人組をつくって年貢を納めることを共同責任としました。

**エ**　牛や馬を使った農耕が広まり、稲と麦の二毛作を行う地域も現れました。

# 2023年度　敬愛中学校　一般入学試験　国語　解答用紙

【一】

問一
ⓐ
ⓑ
ⓒ
ⓓ
ⓔ

問二
A
B

問三

問四

問五

問六

問七

問八

【二】

12行

【解答用

# 算数　解答用紙

| | | | | |
|---|---|---|---|---|
| 4] | (1) | 分　秒 | (2) | 分　秒 |
| | (3) | 分　秒 | | |

| | | | |
|---|---|---|---|
| 5] | (1) | ： | |
| | (2) | ① | ② |

| | | | |
|---|---|---|---|
| 6] | (1) | | |
| | (2) | ① | ② |
| | (3) | | |

※100点満点
（配点非公表）　総点　　　点

| | | | |
|---|---|---|---|
| 受験番号 | | 氏名 | |

# 理　科　解答用紙

3

| | | | | | |
|---|---|---|---|---|---|
| ① | | ② | | | |
| ③ | | ④ | 夏 ・ 冬 | | |
| ⑤ | | ⑥ | | | |
| ⑦ | | ⑧ | | ⑨ | |

4

| | | | | | | | | | | |
|---|---|---|---|---|---|---|---|---|---|---|
| (1) | | | | | | | | | | |
| (2) | ① | | ② | | ③ | | ④ | | ⑤ | |
| | ⑥ | | | | | | | | | |
| (3) | ① | | | | | | | | | |
| | ② | | ③ | g | | | | | | |

※50点満点
（配点非公表）

| | 氏名 | |
|---|---|---|

総点　　　　点

| | | | | | | | | |
|---|---|---|---|---|---|---|---|---|
| 問5 | (1) | | (2) | | 問6 | (1) | (2) | |
| 問7 | (1) | | (2) | 百姓一揆が増えているのは、　　　　時期 | | | | |

| | | | | | | | | | | | |
|---|---|---|---|---|---|---|---|---|---|---|---|
| [4] | 問1 | | | | 問2 | | | | | | |
| | 問3 | | 問4 | 制度 | 問5 | | 問6 | | | | |
| | 問7 | A | | B | | C | | | | | |
| | 問8 | (1) | 1946 年　　月　　日 | (2) | の尊重 | (3) | | | | | |

※50点満点
（配点非公表）

| | | | |
|---|---|---|---|
| 受験番号 | | 氏名 | |

総点　　　　点

問2　下線部①について、問いに答えなさい。

(1)　この時代の代表的な遺跡の名前と右の地図中の位置の組み合わせとして正しいものを**ア**～**エ**から一つ選び、記号で答えなさい。

**ア**　吉野ヶ里遺跡　－　**あ**
**イ**　吉野ヶ里遺跡　－　**い**
**ウ**　三内丸山遺跡　－　**あ**
**エ**　三内丸山遺跡　－　**い**

(2)　この時代に見られる右のような建物は、ねずみや湿気を防ぐくふうがされています。この建物の役割を、簡単に書きなさい。

問3　下線部②について、問いに答えなさい。

(1)　この時代には、遣唐使の派遣で仏教や唐の影響を受けた文化が栄えました。聖武天皇が都に建てさせた寺院の名前を答えなさい。

(2)　右の写真は、地方から都へと送られた品物の荷札(にふだ)です。各地の特産物を納めた税を何といいますか。**ア**～**エ**から一つ選び、記号で答えなさい。

**ア**　租(そ)　　**イ**　調
**ウ**　庸(よう)　　**エ**　雑徭(ぞうよう)

問4　下線部③について、問いに答えなさい。

(1)　鎌倉幕府に任命されて、村で、年貢の取り立てや犯罪の取りしまりにあたった武士を何といいますか、**漢字2字**で答えなさい。

(2)　幕府と御家人（武士）は、土地を仲立ちとした「ご恩と（　　　）」の関係で結ばれていました。（　　　）にあてはまる語句を答えなさい。

問５　下線部④について、問いに答えなさい。

(1)　豊作を祈って人々がおどった田楽（でんがく）や祭りで演じた猿楽（さるがく）から、新しい芸能が生まれました。その芸能を**ア**～**エ**から一つ選び、記号で答えなさい。

**ア**

**イ**

**ウ**

**エ**

(2)　この時代に、中国（明）との貿易を始めた人物の名前を答えなさい。

問６　下線部⑤について、次の資料を読んで、問いに答えなさい。

資料
一　百姓（ひゃくしょう）が、刀・弓・やり・鉄砲などの武器をもつことを禁止する。武器をたくわえ、年貢を納めず、一揆（いっき）をくわだてる者は罰（ばっ）する。
一　取り上げた刀は、新しく大仏をつくるためのくぎなどに役立てるから、仏のめぐみで、百姓はこの世だけでなく、あの世までも救われることになる。

(1)　資料は、豊臣秀吉が出した法令の一部です。この法令を何というか、答えなさい。

(2)　次の文は、この法令を出した目的を説明しています。文中の（　　　）にあてはまる語句を答えなさい。
「（　　　）と農民との身分の区別をはっきりさせるため。」

問７　下線部⑥について、問いに答えなさい。

(1)　この時代に生まれた農具のうち、脱穀（だっこく）（稲の穂（ほ）から米つぶを取りはなすこと）の作業を速めたものはどれですか。**ア**～**エ**から一つ選び、記号で答えなさい。

**ア**

**イ**

**ウ**

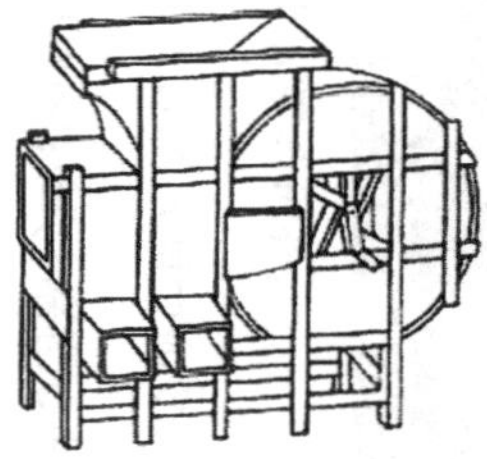

**エ**

(2)　次のグラフは、この時代の百姓一揆の件数を表したものです。百姓一揆が増えているのはどのようなときですか。グラフから読み取れることを、解答欄の書き出しに続けて書きなさい。

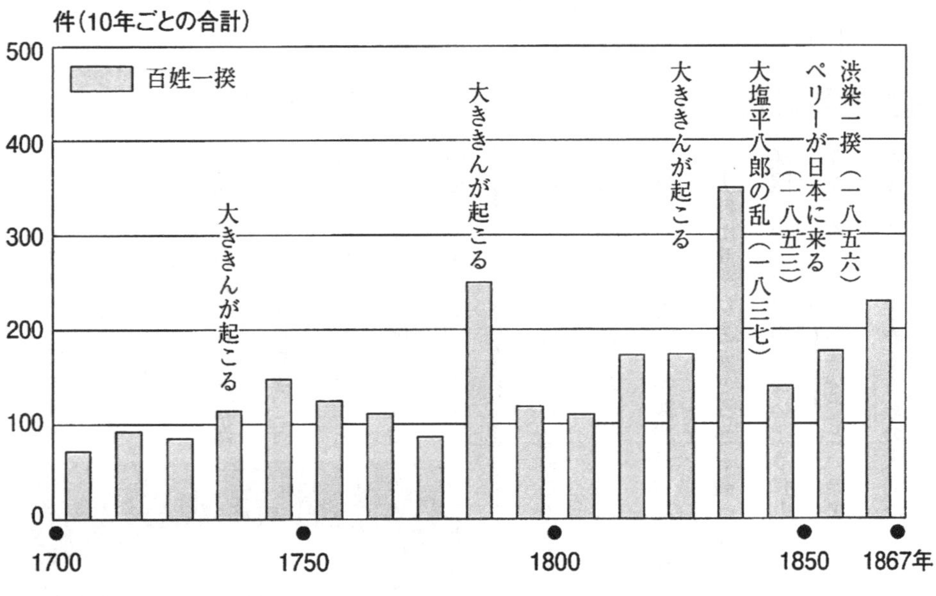


（青木虹二「百姓一揆総合年表」より）

［4］　ひかりさんが作成した新聞を読み、問いに答えなさい。

敬　愛　新　聞　2022年9月1日木曜日

# 敬愛新聞

2022年 9月1日 木曜日

## 国会は法律をつくる機関

国会には、衆議院と（①）の二つの議院があり、それぞれ②選挙で選ばれた議員によって組織されます。国民の暮らしにかかわる法律や予算、条約の承認などについて話し合い、多数決で決めます。

## 裁判所とは？

人々の間で争いごとや犯罪が起こったときに、憲法や法律にもとづいて判断し、解決するのが裁判所の仕事です。裁判の判決は重要な意味をもつことから、③より公正で慎(しん)重(ちょう)な裁判が行われなければなりません。また、2009年からは④国民の意見を裁判に生かすための制度が始まりました。

## 内閣と政治

国会で決めた予算を使って、実際に国民の暮らしを支えているのが⑤内閣です。内閣の最高責任者が内閣総理大臣です。内閣では、内閣総理大臣と国務大臣たちが（⑥）を開き、政治の進め方を話し合います。

## 民主主義のためのしくみ

日本では、国の政治を進める役割を立法・行政・司法に分け、それぞれの仕事を国会・内閣・裁判所が分担しています。各機関がお互いの役割がきちんと実行できているかどうかを調べることで、一つの機関に権力が集中しないようにしています。このようなしくみを、⑦三権分立といいます。これは、民主主義の政治を進めるための大切なしくみで、⑧日本国憲法にも定められています。



2023(R5) 敬愛中
K 教英出版

問１　（　①　）にあてはまる語句を、**漢字３字**で答えなさい。

問２　――― 線部②について、次の表は、第48回衆議院議員選挙（2017年）における年代別の投票率を表したものです。20才代から70才代にかけては、年代が上がるにつれて投票率も上がっていますが、80才以上になると投票率が大きく低下しています。その理由として考えられることを書きなさい。

| 年代 | 18･19才 | 20〜29才 | 30〜39才 | 40〜49才 | 50〜59才 | 60〜69才 | 70〜79才 | 80才〜 |
|---|---|---|---|---|---|---|---|---|
| 投票率(%) | 41.5 | 33.8 | 44.7 | 53.4 | 63.2 | 72.0 | 72.3 | 46.8 |

（総務省HPより作成）

問３　――― 線部③について、次の文の（　　　）にあてはまる数字を書きなさい。

裁判所の判決に納得（なっとく）できない場合は、上級の裁判所にうったえて、全部で（　　　）回まで裁判を受けることができます。

問４　――― 線部④について、重大な犯罪にかかわる裁判で、国民の中からくじによって選ばれた人と裁判官が、有罪・無罪や刑罰の内容を決める制度を何といいますか。

問５　――― 線部⑤について、内閣の仕事として正しいものを**ア**〜**エ**から一つ選び、記号で答えなさい。

**ア**　国会議員の選挙を公示する。　　**イ**　都道府県知事を任命する。
**ウ**　外国と条約を結ぶ。　　**エ**　条例を制定する。

問６　（　⑥　）にあてはまる語句を答えなさい。

問７　―――線部⑦について、図中の（　A　）～（　C　）にあてはまるものを**ア**～**エ**から一つずつ選び、記号で答えなさい。

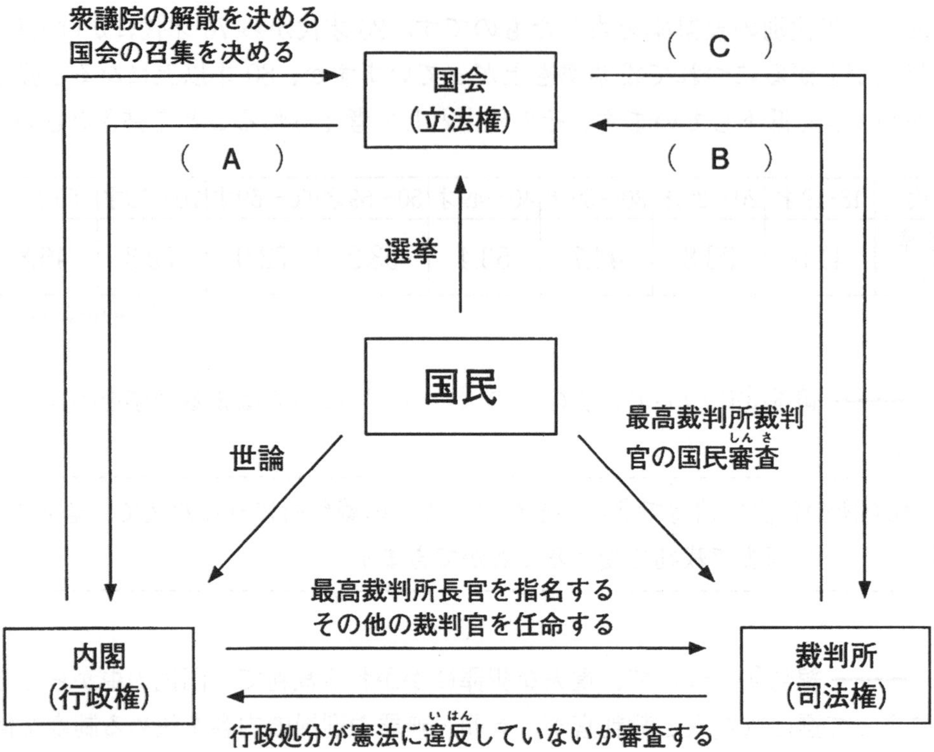


**ア**　内閣の不信任を決議する
**イ**　内閣総理大臣を任命する
**ウ**　裁判官をやめさせるかどうかの裁判を行う
**エ**　法律が憲法に違反していないかを審査する

問８　―――線部⑧について、問いに答えなさい。

(1)　日本国憲法は1946年の何月何日に公布されたかを答えなさい。

(2)　次の図は、日本国憲法の三つの原則についてまとめたものです。図中の（　　　）にあてはまる語句を答えなさい。

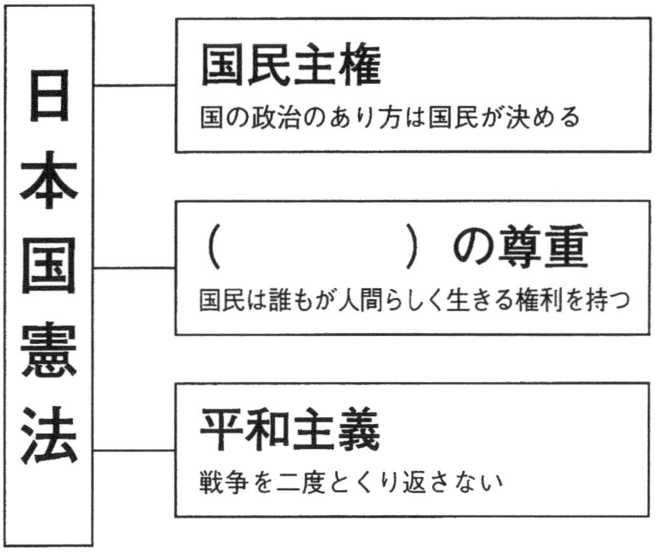


(3)　次の文は、日本国憲法第１条の条文です。文中の（　　　）にあてはまる語句を**漢字２字**で答えなさい。

> 天皇は、日本国の（　　　）であり日本国民統合の（　　　）であって、この地位は、主権の存する日本国民の総意にもとづく。

2023(R5) 敬愛中
教英出版

# 敬 愛 中 学 校

2023年度　一般入学試験　問題

# 適性試験

※　受験上の注意

1．問題は 1 ページから 8 ページまであります。制限時間は 50 分です。

2．解答用紙には、受験番号、氏名を忘れずに記入してください。

3．各問題とも解答は解答用紙の所定のところへ記入してください。

1　次のまことさんの発表と先生との会話を読み、問いに答えなさい。

【まことさんの発表】

民主主義を確かなものにするためには、私たち一人一人の積極的な政治参加が欠かせません。なかでも重要なのが選挙です。選挙は、多数決によって集団の意思決定をするもので、民主主義の基本的な制度といえます。日本では、国会議員のほか、都道府県や市区町村の長と議員を選挙で選びます。日本の選挙の方法については、公職選挙法に定められています。

選挙で代表者を選ぶ仕組みを選挙制度といいます。選挙制度には、一つの選挙区で一人の代表を選ぶ①小選挙区制や、得票に応じてそれぞれの政党の議席数を決める比例代表制などがあります。日本では、衆議院議員の選挙には小選挙区制と、全国を11のブロックに分けて行う比例代表制とを組み合わせた選挙制度が採られています。また、②参議院議員選挙は、一つまたは二つの都道府県の単位で、1回に一人から6人の代表を選ぶ選挙区制と、全国を一つの単位とした比例代表制とで行われています。

先　生：選挙制度についてよく調べて発表ができていましたね。それでは、私の方から説明しましょう。次の表から、だれが当選するかを考えます。

| 選挙区 | 1区 | | | |
|---|---|---|---|---|
| 候補者 | Aさん | Bさん | Cさん | Dさん |
| 得た票の数 | 80 | 40 | 70 | 60 |

先　生：小選挙区制の場合、当選者はだれになりますか。

まこと：一番得た票数の多いAさんです。

先　生：そうですね。では、逆の見方をするとどうなるでしょうか。Aさん以外に投票された数は何票ですか。

まこと：（　X　）票です。

先　生：その通りです。このように落選者が得た票のことを「死票」といいます。この票は、Aさんを支持していない人たちの数を表しています。

まこと：選挙っておもしろいですね。

問１　文中（　Ｘ　）にあてはまる数字を答えなさい。

問２　下線部①について、小選挙区制には死票が多くなるという特徴があります。死票が多いことにはどのような問題があると思いますか。あなたの考えを書きなさい。

問３　下線部②について、2015年に公職選挙法が改正され、参議院では東京都から選ばれる議員の数が10名から12名に増え、長野県から選ばれる議員の数が４名から２名に減りました。このように改正された理由を、次の資料を参考にして書きなさい。

【資料】2013年、2016年参議院議員選挙における
東京都・長野県選挙区での議員一人あたりの有権者数

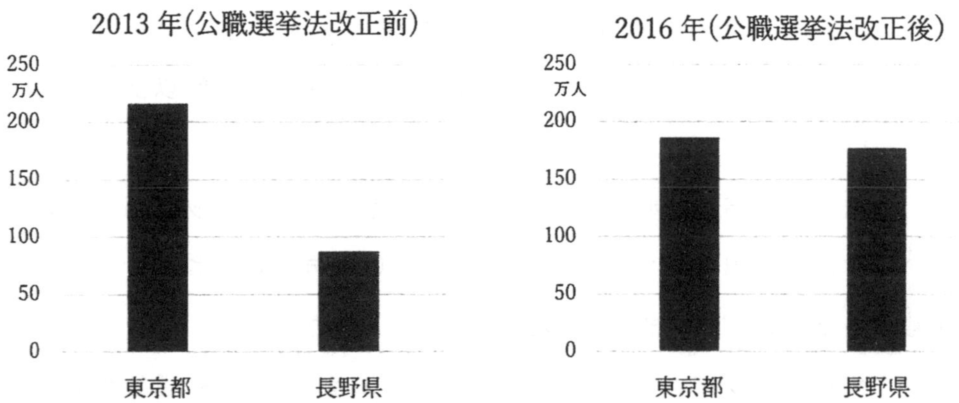


※有権者とは、選挙に行って投票ができる人を指します。

(総務省HPより作成)

## 2 次の会話文を読み，各問いに答えなさい。

敬太郎さん：学校で発表するために，プラスチックごみのことを調べているんだ。捨てると環境によくないことは知っているんだけど，どうして使う量も減らそうって言われているのかが分からないんだ。

おじさん　：そうだね。確かに，しっかりと再利用をすれば，ごみになる量は減るし，使う量を減らさなくても良いんじゃないかって思うよね。

敬太郎さん：そうなんだ。再利用をするために，プラスチック用のごみ袋があったり，お店にリサイクルボックスがあったりするよね。みんなが守ってくれるなら使っても良いんじゃないかな。調べたら，日本のプラスチックリサイクル率は 80％以上って書いてあったんだよ。

おじさん　：確かに，高いリサイクル率だね。でも，プラスチックがどのように再利用されていくかを知っておいた方がいいね。

敬太郎さん：え？またプラスチック製品になるんじゃないの？

おじさん　：実はね，プラスチックのリサイクルには大きく 3 種類があるんだ。1 つはマテリアルリサイクルと言って，またプラスチック製品に生まれ変わらせることだ。君がイメージしているのはこれだね。2 つ目はケミカルリサイクルと言って，回収したプラスチックを別の物質に変えてしまう方法だ。プラスチックを油や燃料に変えたりすることもできるんだよ。そして，3 つ目はサーマルリサイクルというもので，これは回収したプラスチックを燃やして，そのときに出てくる熱のエネルギーを利用しようというものだ。その熱のエネルギーを使って発電をすることもできるんだよ。

敬太郎さん：燃やしちゃってもリサイクルっていうの？

おじさん　：そうだね。確かに，サーマルリサイクルはリサイクルとは言えないとしている国もある。でも，考え方によっては，エネルギーをリサイクルしているということもできるからね。日本のプラスチックリサイクル率には，サーマルリサイクルも入っているんだ。しかもサーマルリサイクルが最も多いんだ。ほら，こんな表があるよ。

| 年 | 2005 | 2010 | 2015 | 2020 |
|---|---|---|---|---|
| 廃（はい）プラスチック総排出量（そうはいしゅつりょう） | 1006万トン | 945万トン | 879万トン | 822万トン |
| マテリアルリサイクル量 | 185万トン | 217万トン | 173万トン | 173万トン |
| ケミカルリサイクル量 | 29万トン | 42万トン | 30万トン | 27万トン |
| サーマルリサイクル量 | 368万トン | 465万トン | 498万トン | 509万トン |
| 有効利用率（ゆうこうりようりつ） | 58% | 77% | 80% | 86% |

一般社団法人プラスチック循環利用協会 HP より

敬太郎さん：本当だ。しかも，マテリアルリサイクルやケミカルリサイクルは増えてないんだね。

おじさん　：そうだね。でも，この表では他にもわかることがあるから，一緒に考えよう。

問１　次の文の（　　）に入る適切な語句や数値を選択肢(せんたくし)の中から選び，記号で答えなさい。

2005 年に有効利用されなかった（ ① ア 42% イ 58% ウ 86% ）の廃プラスチックは，ただ燃やしてしまうだけや埋め立ててしまうなどの処理がされていた。**表**の廃プラスチック総排出量を見ると，廃棄(はいき)さ（捨てら）れて回収されたプラスチックの量は，近年（ ② ア 増えて イ 減って ）きている。さらに，有効利用率は（ ③ ア 増えて イ 減って ）きている。その中でサーマルリサイクルの量は増えてきている。2005 年では，サーマルリサイクル量は廃プラスチック総排出量の約（ ④ ア 3.6% イ 36% ）であったのに，2020 年では 62%まで増えている。

問２　敬太郎さんは，さらに分かった次の３つの内容を参考に，サーマルリサイクルが増えてきた理由をまとめました。あなたなら，どのように理由をまとめますか。解答欄(かいとうらん)の言葉に続くように答えなさい。

・プラスチックは石油（化石燃料）を原料としているものがほとんどである。

・マテリアルリサイクルやケミカルリサイクルをするには，分別，洗う，砕く，加熱する，加工するなどの様々な工程があり，多くの費用(ひよう)と設備が必要になる。

・日本のごみ焼却施設(しょうきゃくしせつ)は，技術が進んで，有害物質をあまり出さないようになった。

| | | |
|---|---|---|
| | | から、３つのリサイクルの中で一番多く利用されている。 |

| | | | | |
|---|---|---|---|---|
| **3** | 問1 | | 問2 | |
| | 問3 | （理由）<br>　曜日と　　曜日 | | |

※100点満点
（配点非公表）

総点

| | | | |
|---|---|---|---|
| 受験番号 | | 氏名 | |

# 2023年度　敬愛中学校　一般入学試験　作文　解答用紙

原稿用紙

問一

200

00

受験番号

氏名

※100点満点
（配点非公表）

300

200



【解答用紙

2023(R5) 敬愛中
教英出版

# 2023年度　敬愛中学校　適性試験　解答用紙

| | | |
|---|---|---|
| 1 | 問1 | X = |
| | 問2 | |
| | 問3 | |

| | | | | | | | | | |
|---|---|---|---|---|---|---|---|---|---|
| 2 | 問1 | ① | | ② | | ③ | | ④ | |
| | 問 | マテリアルリサイクルやケミカルリサイクルは、多くの費用や設備が必要になるため、あまり進んでいない。しかし、サーマルリサイクルは、 | | | | | | | |

**問一**　日本で「少子化」が進んでいくにつれて、どのような問題が発生すると考えられますか。実際の例を挙げながら二百字から三百字で書きましょう。

**問二**　「少子化」の問題を解決するために、どのようなことが必要になると考えますか。実際の例を挙げながら二百字から三百字で書きましょう。

そのとき、次の【注意】に従って、原稿(げんこう)用紙に書きましょう。

【注意】原稿用紙には、題や氏名を書かずに、本文だけを書きましょう。
文章を見直すときには、次の（例）のように、付け加えたり、けずったり、書き直したりしてもかまいません。

（例）
今日、{私が}黒板を消しているとき、友だちが~~進んで~~手伝って~~もらいました~~{くれました}

**資　料**

こどもの割合（総人口に占(し)めるこどもの割合。以下同じ。）は、1950年には総人口の３分の１を超(こ)えていましたが、第１次ベビーブーム期（1947年～1949年）の後、出生児数の減少を反映して低下を続け、1965年には総人口の約４分の１となりました。

その後、1970年まで低下が続いたこどもの割合は、第２次ベビーブーム期（1971年～1974年）の出生児数の増加によって僅(わず)かに上昇(じょうしょう)したものの、1975年から再び低下を続け、1997年には65歳以上人口の割合（15.7％）を下回って15.3％となり、2021年は11.9％（前年比0.1ポイント低下）で過去最低となりました。

なお、こどもの割合は、1975年から47年連続して低下しています。

図１　年齢３区分別人口の割合の推移

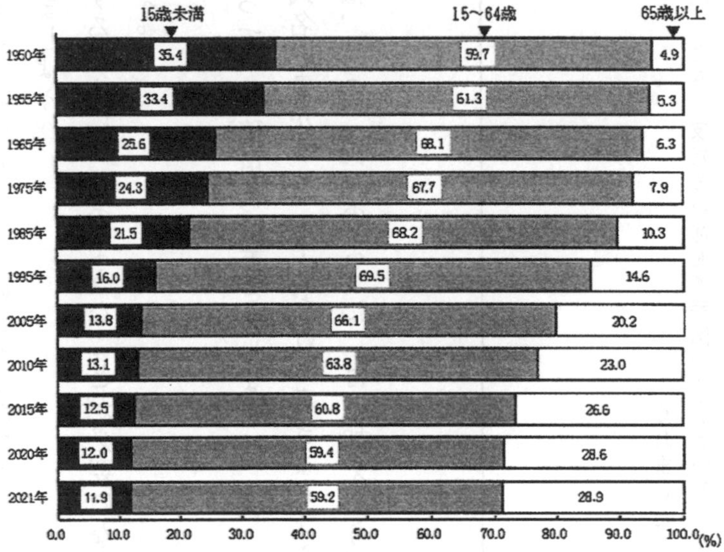


資料：「国勢調査」及び「人口推計」
注）2020年及び2021年は４月１日現在、その他は10月１日現在

図２　こどもの数および割合の推移

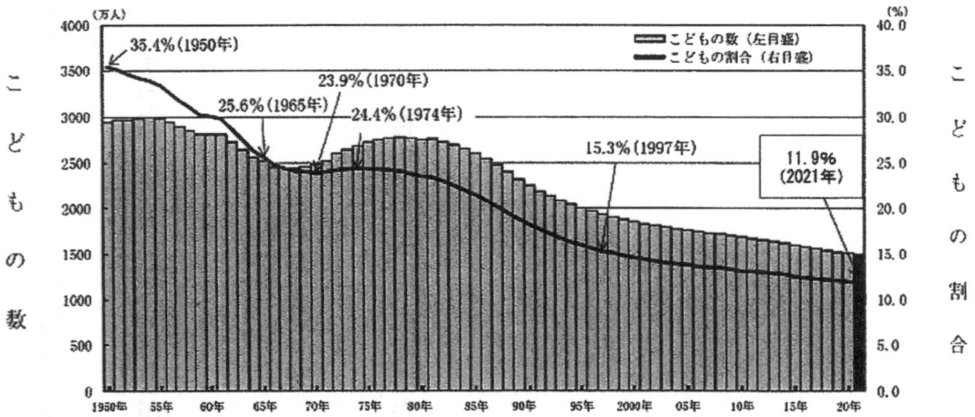


資料：「国勢調査」及び「人口推計」
注）2020年及び2021年は４月１日現在、その他は10月１日現在

総務省統計局ホームページより（一部改変しています）

**次の文章を読んで、あとの問いに答えなさい。**

敬太さんの学級では、身の回りで起こっている問題について、グループで調べて発表することになりました。そこで敬太さんのグループで、何について調べるか意見を出し合ったところ、最近ニュースでよく耳にする「少子化」について調べようということになりました。

敬太さんは、インターネットを使って調べてみることにしました。内閣府のホームページによると、「少子化」とは「出生率の低下やそれに伴う家庭や社会における子供数の低下傾向」のことであり、また総務省のホームページによると、15歳未満の子どもの数は１９８２年から40年連続で減少を続けており、２０２１年4月１日の時点で、前年に比べ19万人少ない１４９３万人と、過去最少となっていることがわかりました。この40年間で１２００万人以上子どもの数が減っていることになります。また、総人口における子どもの割合も１９５０年では約35%だったものが、２０２１年には約12%にまで低下していることもわかりました。

愛子さんが「少子化の問題はテレビやネットでよく目にするけど、こうやって資料を見ると、随分少子化が進んでいることが実感できるね。そして、資料の図1を見ると子どもの割合が減っているのと同時に、65歳以上の高齢者の割合が増えているのがわかるわ。高齢者が増えているのは気になるね。」と言ったので、敬太さんは「じゃあ、少子化によってどんな影響があるのか、少子化の問題を解決するためにどのようなことができるのかを調べたり考えたりしよう。」と言いました。

# 敬 愛 中 学 校

## 2023年度　一般入学試験問題

# 作　文

※　受験上の注意

1．問題は 1 ページから 3 ページまであります。制限時間は 40 分です。

2．解答用紙には、受験番号、氏名を忘れずに記入して下さい。

3．各問題とも解答は解答用紙の所定のところへ記入して下さい。

【三】

問一 ① ②

問二 ① ② ③

【四】の解答らんはウラ面にあります。

受験番号

氏名

問二

問三

問四

問五

問六

問七

問八

問九

総点　点

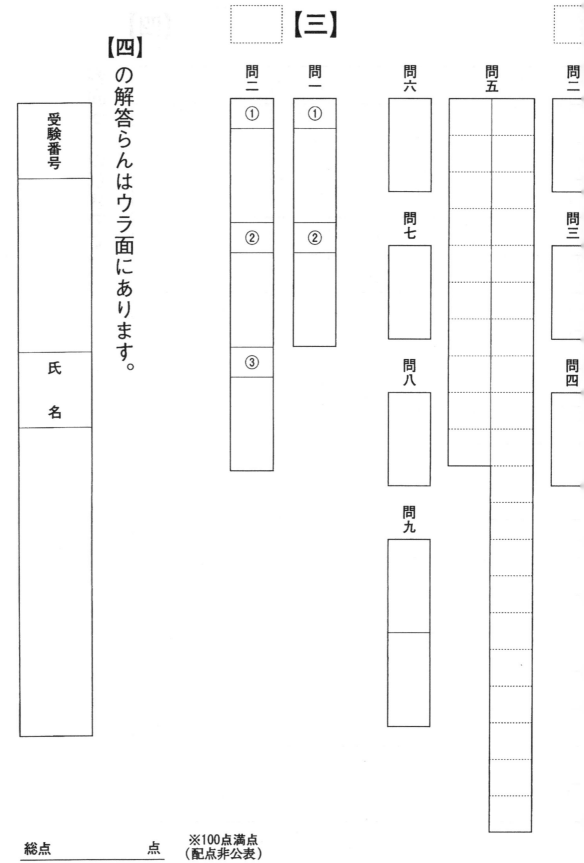

※100点満点
（配点非公表）

【四】

表面からの続きです。

# 2023年度　敬愛中学校　一般入学試験

| | | | | |
|---|---|---|---|---|
| [1] | (1) | | (2) | |
| | (3) | | (4) | |
| | (5) | | (6) | |
| | (7) | | (8) | |

| | | | |
|---|---|---|---|
| [2] | (1) | ① | |
| | | ② | |
| | (2) | ① | ② |

| | | | | |
|---|---|---|---|---|
| [3] | (1) | | (2) | |
| | (3) | 点Fを　　cm 動かせばよい。 | | |

# 2023 年度　敬愛中学校　一般入学試験

## 1

| | | | | | | | |
|---|---|---|---|---|---|---|---|
| (1) | | | | | | | |
| (2) | | | | | | | |
| (3) | ① | と | ② | cm³ | ③ | cm³ | |
| | ④ | cm³ | (4) | A | | B | |
| (5) |  | (6) | | | | | |

## 2

| | | | | | | | |
|---|---|---|---|---|---|---|---|
| (1) | | (2) | | | | | |
| (3) | ① | | 理由 | | | | |
| | ② | | | | | | |
| | | | (4) | | (5) | | |
| (6) | ① | | ② | | ③ | | |
| | ④ | | | | | | |

2023 年度　敬愛中学校　一般入学試験

# 社会　解答用紙

| | | | | | | | | | | | |
|---|---|---|---|---|---|---|---|---|---|---|---|
| [1] | 問1 | | 問2 | | 問3 | 番号 | | 国名 | | 問4 | |

| | | | | | | | | | | |
|---|---|---|---|---|---|---|---|---|---|---|
| [2] | 問1 | 1 | | 2 | | 問2 | | 問3 | | |
| | 問4 | | 問5 | 県 | 問6 | | 問7 | | 問8 | |
| | 問9 | | | | | | | | | |

| | | | | | |
|---|---|---|---|---|---|
| | 問1 | A | | B | |
| | 問2 | (1) | | (2) | |

2023(R5) 敬愛中
K 教英出版

〈このページは白紙です。次のページに続きます。〉

**3**　敬さんは表1，2のような売り方をしているスーパーで買い物をします。

表1　品物の価格（税込）

| | | |
|---|---|---|
| 肉A | 100g | 500円 |
| 肉B | 100g | 100円 |
| 野菜A | 100g | 200円 |
| 野菜B | 100g | 150円 |
| 野菜C | 100g | 50円 |
| 果物A | 100g | 300円 |
| 果物B | 100g | 100円 |
| 米 | 1kg | 1000円 |

表2　特売日

| | |
|---|---|
| 火曜日 | 野菜5％引き |
| 木曜日 | 肉5％引き |
| 日曜日 | 全品5％引き |

表3　買い物表

| | | | |
|---|---|---|---|
| 肉A 300g | 肉B 800g | 野菜A 300g | 野菜B 300g |
| 野菜C 500g | 果物A 200g | 果物B 300g | 米2kg |

次の［　　　］にあてはまる数を書きなさい。

ただし，問3は問題の指示にしたがいなさい。

問1　肉A 300 g と肉B 800 g だけを土曜日に買いました。

そのときに支払った金額は［　　　］円です。

問2　表3の品物をすべて日曜日に買うと全部で［　　　］円になります。

問3　1週間のうちの2日を使って表3の品物をすべて買うことにしました。特売日を考えて最も安く買うには何曜日と何曜日に買えばよいですか。また，その理由も説明しなさい。

（理由）

［　　　］曜日と［　　　］曜日

# 敬愛中学校

2022年度　一般入学試験問題

# 国　　語

※　受験上の注意

1．問題は 1 ページから 14 ページまであります。制限時間は 50 分です。

2．解答用紙には、受験番号、氏名を忘れずに記入して下さい。

3．各問題とも解答は解答用紙の所定のところへ記入して下さい。

2022(R4) 敬愛中
K 教英出版

**注意** 字数が指定されている問題は、句読点や記号も一字とします。

**【一】** 次の文章を読んで、後の問いに答えなさい。

①塔と金堂がヨコに並ぶのは、じつは、法隆寺ファミリーが最初ではありませんでした。法隆寺での突然ⓐヘンイに先行する段階があったのです。

もっとも早いヨコ並びとして百済大寺がありました。近年発掘され、かなり様子が見えてきた注目すべき遺跡です。天の香具山の東北に当たり、蘇我氏が権勢をふるう飛鳥とは香具山をはさんで対峙する位置関係にあります。

それは六三九年、舒明天皇の発願により建てられた天皇家最初の寺でした。第一章で紹介した、あの有名な国見の歌を詠んだ天皇です。しかし造営が始まってわずか二年後に舒明天皇は没してしまう。先帝亡き後、皇后が即位して皇極天皇となり造営は引き継がれました。

金堂と塔がともに南を向いて東西に並び立つ。塔は基壇の大きさから日本書紀にあるとおり九重塔だったと判断されます。金堂の基壇面積は法隆寺金堂の三倍ほどあり、空前の巨大さでした。回廊に囲まれた聖域も広大で、その幅が一五六メートルあまりと法隆寺の一・七倍もありました。（　A　）天皇の寺ならではの規模を誇っていたのです。

（　B　）驚くべきことに中門の跡が塔と金堂の中間ゾーンではなく金堂の前、しかも金堂の中心をはずれた位置から出てきました。聖域全体を統合する中軸が見当たらないのです。講堂についてもはっきりしないのですが、（　C　）回廊の外に出ていたと考えられます。

二〇〇五年の夏も終わろうという日、執筆のⓑ合間をぬって現地を訪れてみました。発掘現場はすでに埋め戻され、吉備池とよばれる大きなため池が何事もなかったかのように静まり返っていた。周囲に田畑がひろがり、時折り、近くの製材所からⓒキンゾク的なうなり音が聞こえてくる。
百済大寺はいま、再びの眠りについている。ここに九重塔が……、当時の様子を想い浮かべようにも②視線は虚空をさ迷うばかりでした。
発掘跡からの帰り道、最寄りの香久山駅まで歩きながら、ふと空想が脳裏を横切りました。当時、主流であった四天王寺タイプの配置案が天皇にまず提案されたのではないか。二年遅れて着工した山田寺は氏寺ですが、やはりこのタイプだった。以下は想像上の問答です。
「天皇となって十年を超えた今、並ぶものなき大寺を建立し、天皇の権威を余すことなく示そう。とにかく蘇我氏の飛鳥寺より数段、壮大な寺にする」
――天皇家には建築に関して相当高い意識がありました。時代はさかのぼりますが五世紀末、時の天皇は豪族の館が天皇の宮殿に似ているのを見て激怒し、ⓓヤき払おうとしたと伝えられます。史実かどうかは別にして、少なくとも③差別化の意識が強かったことがうかがえます。
「それでは飛鳥寺をはるかにしのぐ規模で、斑鳩寺――創建法隆寺はそうよばれていた――や四天王寺のような配置ではいかがでしょうか」
「飛鳥寺と違うのは大いに結構だが、斑鳩寺にしても四天王寺にしても、どうも④しっくりこない。出来た当初は伽藍とはこのようなものか、すごいものだと思ってもみたが、百済から持ってきたという伽藍配置は、どこか⑤取り付く島がなく、固い雰囲気で違和感を覚える。蘇我氏や厩戸一族などが盛んに寺を建てているが、これはわが天皇家初の寺なのだ。今までにない規模、今までにない壮麗な伽藍を造りたいのだ。第一、かれらの寺では金堂が塔の陰に隠れて中門からまったく見えない。あれはおもしろくない」
「塔と金堂を左右、つまりヨコに並べればそのようなことはなくなりますが……」
「そうか、それがよい。それからもうひとつ大事なことがある。飛鳥寺では建物が建て込んでいる印象がぬぐえない。もっとゆとりがもてぬものか。それにあの空間の狭(せま)さでは大きな催(もよお)しもできぬ。建物のまわりに空間を大きくとって、のびのびとした造りにしてくれ。大勢を集め、盛大に催しをやりたいのだ」

「かしこまりました……」

以上のようなやりとりがあったかどうかは無論わかりませんが、造る側にはこれに近い思考ⓔ過程があったのではないかと思われます。出来合いの形式をただ単に当てがったとは考えられません。それほどユニークな配置をしているのです。さらに発掘が進めば、講堂の位置をふくめ新たな事実が見えてくるはずですが、塔の前にも中門があった、つまり塔と金堂それぞれの前に計二つの中門があったとみる、奈良文化財研究所による興味深い復元案があります。

（武澤秀一『法隆寺の謎を解く』ちくま新書）

**(注)** **対峙**……向かい合ってそびえ立つこと。
**基壇**……地面から一段高く造った建物の基礎(きそ)。
**回廊**……建物の外側にめぐらされた長い廊下。
**伽藍**……寺院の建物。

**問一** ＝＝線部ⓐ～ⓔのカタカナは漢字に直し、漢字は読みをひらがなで答えなさい。

**問二** ――線部①「塔と金堂がヨコに並ぶ」とありますが、これは具体的に塔と金堂がどうなっているということですか。本文中の言葉を使って、解答用紙の形に合うように十八字で書きなさい。

**問三** （ Ａ ）～（ Ｃ ）に入る言葉として最も適当なものを次の**ア**～**エ**から選び、それぞれ記号で答えなさい（ただし、同じ記号は一度しか使えません）。

**ア** おそらく　**イ** すっと　**ウ** まさに　**エ** さらに

問四　――線部②「視線は虚空をさ迷う」、④「しっくりこない」、⑤「取り付く島がなく」の本文中における意味として最も適当なものを次の**ア**～**エ**から選び、それぞれ記号で答えなさい。

**ア**　頼れるところがない　　**イ**　考えが定まらない　　**ウ**　動きがぎこちない　　**エ**　納得できない

問五　――線部③「差別化」とありますが、何と何に、どのような差をつけたいと「時の天皇」は考えたのですか。これを説明した次の文章の［ i ］～［ iii ］に当てはまる言葉を、それぞれ本文中から二字でぬき出して答えなさい。

［ i ］よりも［ ii ］の方が位が高いため、建物（たてもの）も飛鳥寺より百済大寺の方がより［ iii ］になるようにして差をつけたいと「時の天皇」は考えた。

問六　本文中の「時の天皇」は、結局どのような寺（百済大寺）を建てたと考えられますか。最も適当なものを次の**ア**～**エ**から選び、記号で答えなさい。

**ア**

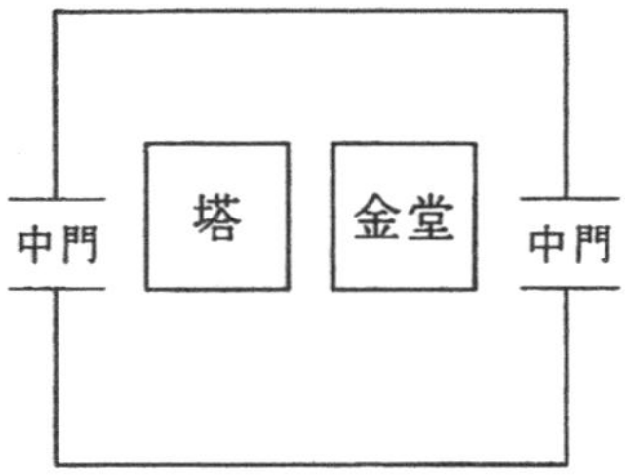


**イ**

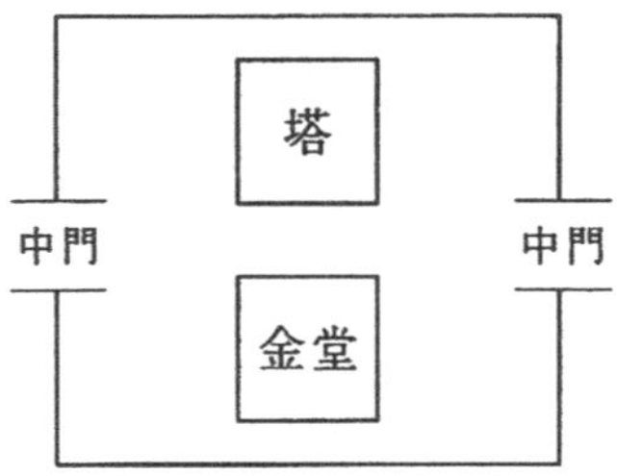


**ウ**

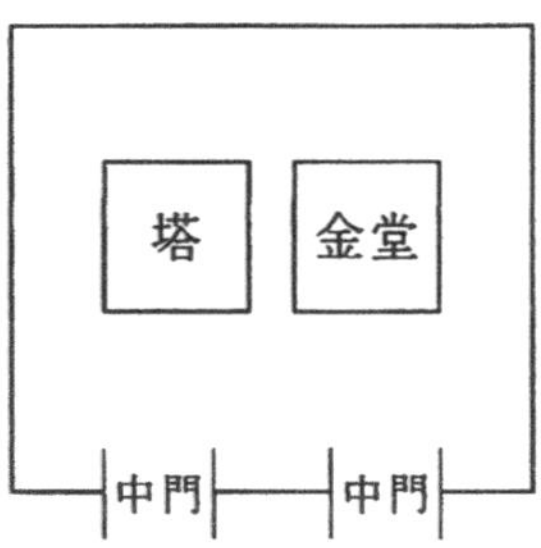


**エ**

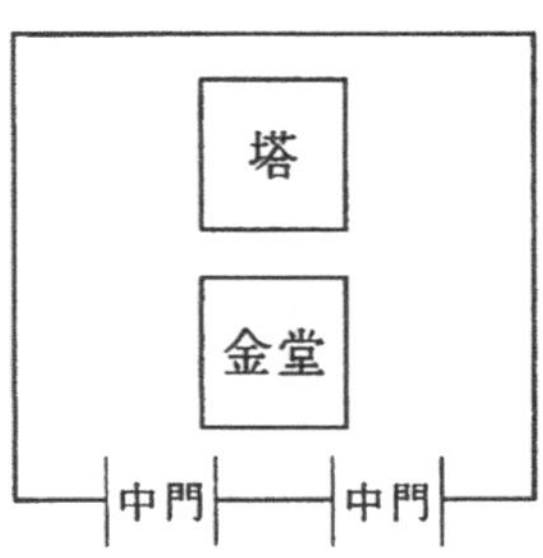

**問七** 次に示すのは、本文の構成について生徒が話をしている場面です。会話文の［Ⅰ］～［Ⅲ］に当てはまる言葉として最も適当なものを後の**ア**～**キ**から選び、それぞれ記号で答えなさい（同じ数字の空欄(くうらん)には同じ記号が入ります）。

**生徒A**――この文章は全体的には説明文なんだけど通常の説明文とは少し違っているよね。

**生徒B**――確かにそうだね。波線部の「二〇〇五年の夏も終わろうという日」というところからは、まるで随筆(ずいひつ)のようだ。

**生徒C**――「随筆」って？

**生徒B**――随筆というのは、本文の作者みたいに、自分が［Ⅰ］したことを自由な形式で書いた文章のことだよ。

**生徒A**――そうそう。その随筆みたいな文章のあと、さらに作者は［Ⅱ］をふくらませながら、時の天皇が家臣と話し合っている場面を書いているよね。

**生徒B**――そのやりとりは［Ⅲ］のようでもあるし、お芝居(しばい)のようでもあるし……。

**生徒C**――こういう文章だと、読者も［Ⅱ］力をかきたてられるよね。

**生徒A**――だから文章を読んでいる私たちも、昔の寺院が造られたいきさつがよくわかるんだね。

**ア** 手紙　**イ** 物語　**ウ** 報告書　**エ** 蓄積　**オ** 分析(ぶんせき)　**カ** 体験　**キ** 想像

【二】 次の文章を読んで、あとの問いに答えなさい。

わたし（奈緒）と君絵は、絹子先生の元でピアノのレッスンを受けている。ある日絹子先生は、ステファンというフランス人のおじさんを二人に紹介する。突然現れた奇妙なおじさんを二人は、その見た目からサティのおじさんと名付けた。四人で過ごすレッスンの日々は過ぎ、わたしと君絵はピアノの発表会に出ることになった。

わたしの演奏は［X］番目で、君絵の歌は六番目。君絵の伴奏もわたしが弾くため連番にしてもらった。
「いいか、奈緒。リラックスしろよ」
「してるって」
「リラックスするためにはな、てのひらに『人』の字を三回書いて……」
「してるってば。緊張してるのは君絵のほうでしょ」
「あたしは平気だ。もう五十人ぐらい『人』をのんだ」
「それ、平気じゃないってことだよ」
控え室代わりの廊下で（　A　）言いあっているうちに、〈ジプシーの踊り〉が終わって拍手の音が聞こえ、ついに、わたしの出番が来た。
「しっかり、な」
「君絵もね」
大きく息を吸いこんでから、わたしはすっと右足を踏みだした。ドレスのすそを上手に揺らしながらステージへと進みでる。
頭上からふりそそぐシャンデリアの光が、いつもより少しだけまぶしく見えるけど、だいじょうぶ、緊張はしていない。客が少ないぶんだけ気がらくだ。
まばらな客席にむかって、わたしはゆっくりとおじぎをした。パチパチと響く拍手の中、すばやく椅子の高さを調節する。やがて拍手が静まると、わたしは椅子に腰かけて、両手をそうっと持ちあげた。
最初の低音。
ここが勝負だ。
うまくいった。しっかりと始まった。
ほっとしたとたん、両手がなめらかにすべりだした。
〈金の粉〉。初めて聴いた瞬間から、ひとめぼれのようにわたしを魅了したサティのワルツが、わたしの手によって広間に溶けこんでいく。
ワルツには感情をこめすぎちゃいけない。顔をしかめたり首を激しく揺すったり、そんなヤボな真似はワルツには似合わない。ただ十本の指を気ままに踊らせてあげる。それだけでいい。あとはピアノがⓐ音色を運んでくれる。
①メロディーが自由に羽ばたいていく。
最初の章が終わり、少し余裕が出てくると、わたしは横目で客席の様子をうかがった。
母は後方の席で、絹子先生は右の壁にもたれて、ふたりとも口もとに笑みを浮かべている。君絵は広間の入り口からVサインをつきだしている。
サティのおじさんは？
いた。一番前の席にいた。こわいほど真剣な、気合いのこもった表情でこちらを見つめている。まるですべての音符を耳の穴に吸いこんでやるぞ、とでもいうようなⓑギョウソウだ。
でもそんなのは初めのうちだけだった。ワルツを前にして、サティのおじさんがじっとしていられるわけがない。
やがて（　B　）体を揺すりだし、ついに立ちあがって、絹子先生のもとへ歩みよっていった。

そしてふたりは――踊りだしたのだ。
びっくりした。
わたしだけではない、客席のだれもがびっくりしていた。
それでもふたりは踊りつづけた。人々の視線などおかまいなしに、あきれられようが非難されようが、そんなものはなんでもないといった調子で、軽々とステップを踏み、どこまでも優雅(ゆうが)に、ふたりは踊る。
真っ赤なサンタクロースと、藤色(ふじいろ)の魔女(まじょ)のワルツ。
このふたりは、すごい。やっぱりすごい。だれにも太刀打(たちう)ちできない。
わたしはつくづく感心し、おかげでミスタッチが©フえたけど、これほど楽しくピアノを弾けたのは生まれて初めてだった。
ラストの和音でわたしの指が止まると、ふたりのワルツも止まった。
まだとまどっている客席からおざなりの拍手が聞こえてくる。ちらりと見ると、母の目は笑っていた。そのとなりでは君絵のお母さんが不安げな顔をしている。
つぎは、君絵の歌。
拍手の波のむこうから、まばゆい青が近づいてきた。君絵はまっすぐに前をむき、けんかでも売りに来るような足どりで、大股(おおまた)にずんずん迫(せま)ってくる。
ステージにひょこんと足をのせると、君絵は②ぶっきらぼうに頭をさげて、
「あたしはピアノは弾きません」
いつものように（　C　）胸を張って言った。
「なぜならば、人間には向き不向きというものがあって、似合わないことをむりにやると、災(わざわ)いが起こるからです。だからあたしは、うたいます」


2022(R4) 敬愛中
教英出版

これは君絵のアドリブだ。こんな演説をするなんて聞いていなかった③わたしは仰天した。客のⓓハンノウは想像にまかせたい。

君絵のお母さんは恥ずかしそうにほおに手を当てて、それでも君絵から目を離さずにいた。絹子先生とサティのおじさんは壁際でよりそい、盛大な拍手を送っている。

君絵のⓔ目配せを受けて、わたしは伴奏を開始した。

〈アーモンド入りチョコレートのワルツ〉

君絵も同時に大声でうたいだした。負けるもんかと、だれにどう思われても負けるもんかと、その声は強く訴えていた。

これでいいのだと、わたしは思った。

絹子先生とサティのおじさんはワルツで、

君絵は歌で、

そしてわたしはふつうにしていることで、

みんなが自分をつらぬいている。

これでいいのだ。

りんとした君絵の横顔を見ながら、その高らかな歌声を聴きながら、④何度も何度も、そう思った。

まわるまわる　アーモンド
チョコのなかで　くるくるりん
おどるおどる　アーモンド
おいしそうに　ぐるぐるりん

きょうも　あしたも
くる　くる　ぐる　ぐる
おどりつかれたら
たべられてしまうから

まわるまわる　アーモンド
てをつないで　くるくるりん
おどるおどる　アーモンド
[Y]　ぐるぐるりん
どんなときでも
くる　くる　ぐる　ぐる
たちどまらずに
そのままいくんだ

（森絵都『アーモンド入りチョコレートのワルツ』ＫＡＤＯＫＡＷＡ）

（注）**サティ**……エリック・サティ。フランスの作曲家。
**ジプシーの踊り**……ハインリヒ・リヒナー作曲のピアノ演奏曲。

**問一**　＝＝線部ⓐ～ⓔのカタカナは漢字に直し、漢字は読みをひらがなで答えなさい。
**問二**　[X]に入る数字を漢字一字で答えなさい。


2022(R4) 敬愛中
K 教英出版

問三 （　A　）～（　C　）に当てはまる言葉として最も適当なものを次のア～エから選び、それぞれ記号で答えなさい（ただし、同じ記号は一度しか使ってはいけません）。

ア どうどうと　イ ひそひそと　ウ そわそわと　エ ザワザワと

問四 ――線部①「メロディーが自由に羽ばたいていく」とありますが、この部分と同じ表現技法を用いているものとして最も適当なものを次のア～エから選び、記号で答えなさい。

ア 彼の目はダイヤモンドのようにきれいだ。　イ 彼女の笑顔はひまわりだ。

ウ 夜の静けさがこの街を包みこむ。　エ 止まってくれ、今すぐに。

問五 ――線部②「ぶっきらぼう」の本文中における意味として最も適当なものを次のア～エから選び、記号で答えなさい。

ア 興味のない様子　イ しっかりとした様子　ウ はっきりとした様子　エ そっけない様子

問六 ――線部③「わたしは仰天した」とありますが、ここでの「わたし」の気持ちを説明したものとして最も適当なものを次のア～エから選び、記号で答えなさい。

ア 緊張せずに自信を持って周りに演説をする君絵に対して感心している。

イ ピアノを弾くと災いが起きると打ち明けた君絵に対してこわがっている。

ウ ピアノを弾かない理由をはっきり打ち明けた君絵に対して感動している。

エ 打ち合わせもしていないことを胸を張って話す君絵に対して驚いている。

問七 ――線部④「何度も何度も、そう思った」とありますが、ここで「わたし」はどういうことを思いましたか。本文中の言葉を使って三十字以内で説明しなさい。

問八 [ Y ] に入る言葉として最も適当なものを次のア～エから選び、記号で答えなさい。

ア たのしそうで　イ たのしそうな　ウ たのしそうに　エ たのしそうだ

【三】 漢字や言葉について、次の問いに答えなさい。

問一 次の漢字の部首名をそれぞれ答えなさい。

① 情 ② 集

問二 次の漢字の太線部分は何画目ですか、それぞれ漢数字で答えなさい。

① 危 ② 将

問三 「この問題はむずかしい」について、「むずかしい」の送り仮名として適当なものを次のア～ウから一つ選び、記号で答えなさい。

ア 難かしい イ 難しい ウ 難い

【四】　次の資料は日本をふくめた七カ国の満十三～二十九歳（さい）の若者を対象とした意識調査の結果です。この資料について、あなたの考えを述べなさい。なお、あとの《条件》に従って解答しなさい。

**図表1**　**自分自身に満足している**

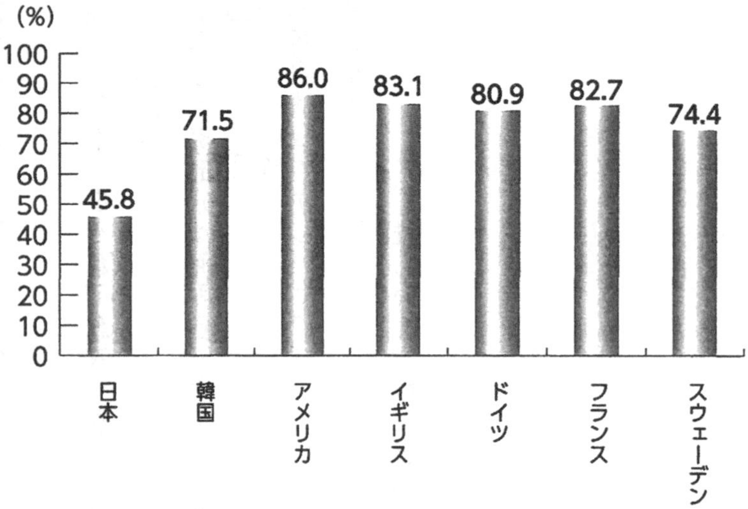


(注)「次のことがらがあなた自身にどのくらいあてはまりますか。」との問いに対し，「私は，自分自身に満足している」に「そう思う」「どちらかといえばそう思う」と回答した者の合計。

**図表2**　**自分には長所がある**

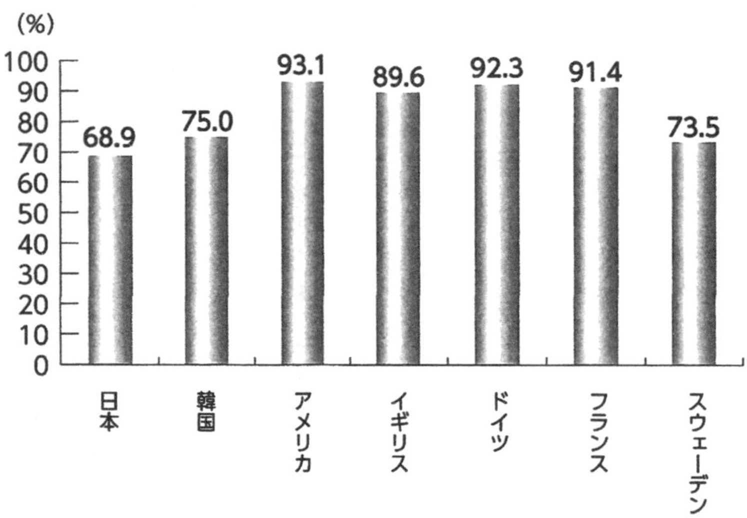


(注)「次のことがらがあなた自身にどのくらいあてはまりますか。」との問いに対し，「自分には長所があると感じている」に「そう思う」「どちらかといえばそう思う」と回答した者の合計。

内閣府『平成２６年版　子ども・若者白書』より

《条件》

1　題名などを書かないで、本文を一行目から書き始めること。

2　二段落構成とし、第一段落にはこの資料から読み取ったことを示し、第二段落では、この資料から読み取ったことをふまえてあなたが考えたことについて書くこと。

3　全体が筋の通った文章になるようにすること。

4　漢字を適切に使い、原稿(げんこう)用紙の正しい使い方に従って十行以上、十二行以内で書くこと。

# 敬 愛 中 学 校

## 2022年度　一般入学試験問題

# 算　　数

※　受験上の注意

1．問題は 1 ページから 11 ページまであります。制限時間は 50 分です。

2．解答用紙には、受験番号、氏名を忘れずに記入してください。

3．各問題とも解答は解答用紙の所定のところへ記入してください。

[1] 次の □ にあてはまる最も簡単な数を書きなさい。

(1) $15-12\div3+5\times3=$ □

(2) $7-2\times2-\{14-(8-4)\div2\}\div6=$ □

(3) $\frac{3}{4}-\frac{5}{12}-\frac{1}{6}=$ □

(4) $1\frac{1}{4}\div4\frac{3}{8}\div\frac{3}{7}=$ □

(5) $1.25\times0.6+1.2\div0.96=$ □

(6) 下の図のように，半径 8 cm の半円の中に，半径 4 cm の円をぴったりと重ねました。かげをつけている部分の面積は [　　　] $cm^2$ です。

ただし，円周率を 3.14 とします。

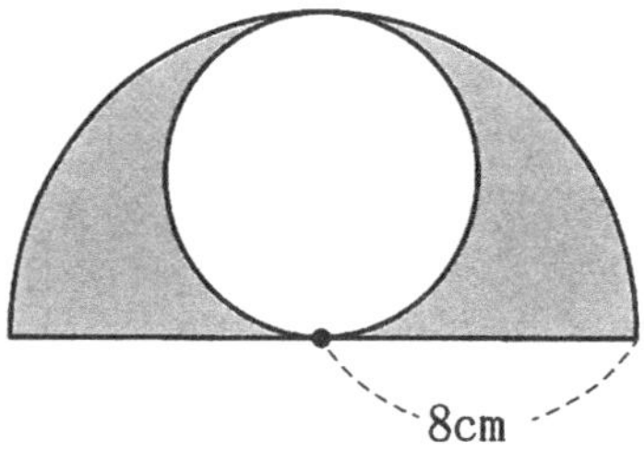


(7) 定価 2000 円の品物を，定価の [　　　] 割引きで買うと 1200 円です。

(8) 下の図のように，2 つの角度が 52°，58° の三角形を，点Aを中心にして時計回りに 20° 回転させました。

このとき，㋐の角度は [　　　]° で，㋑の角度は [　　　]° です。

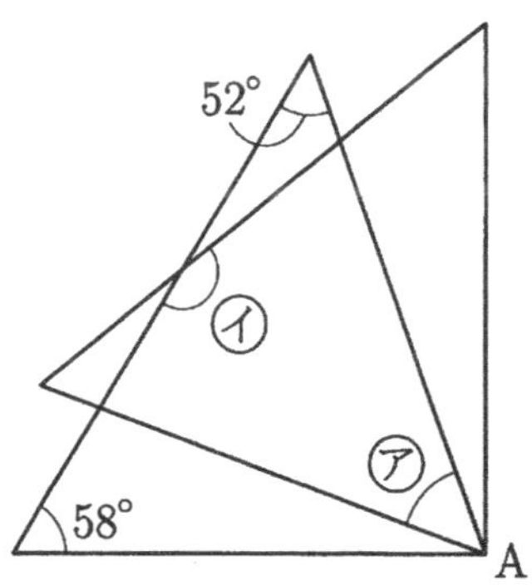

［2］ 10人のクラスで，国語と算数のテストをしました。Aさんから Jさんのそれぞれの点数は下の表のようになりました。

| | A | B | C | D | E | F | G | H | I | J | 平均点 |
|---|---|---|---|---|---|---|---|---|---|---|---|
| 国語 | 5 | 8 | 10 | 8 | 3 | 10 | 4 | 6 | 9 | 8 | ㋐ |
| 算数 | 10 | 9 | 7 | 9 | 5 | ㋑ | 8 | 6 | 7 | 6 | 7.5 |

次の［　　］にあてはまる数や記号を書きなさい。また，(3)は問題にしたがって答えなさい。

(1)　㋐に入る数は［　　］で，㋑に入る数は［　　］です。

(2)　テストの点数と人数の関係をぼうグラフで表したとき，正しいものを下の あ～か から選ぶと，国語は［①　　］で，算数は［②　　］です。

あ

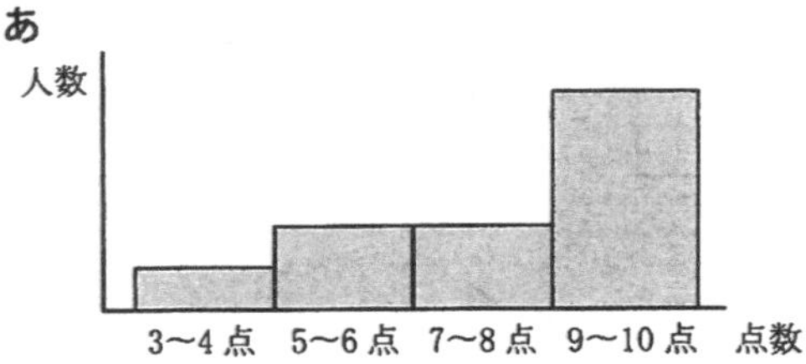


い

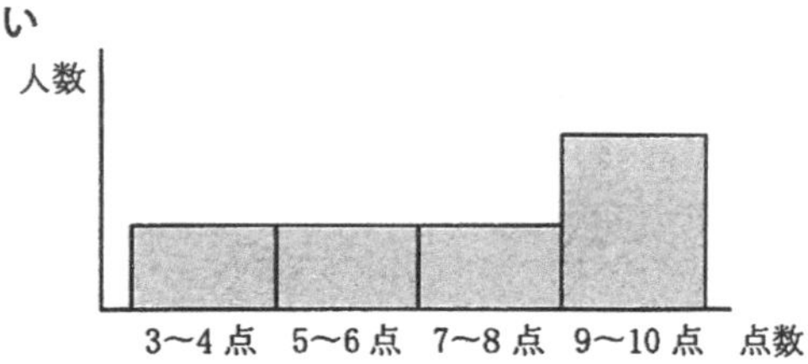


う

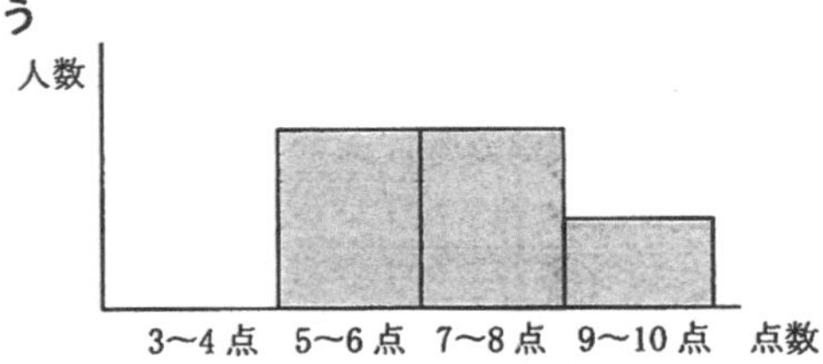


え

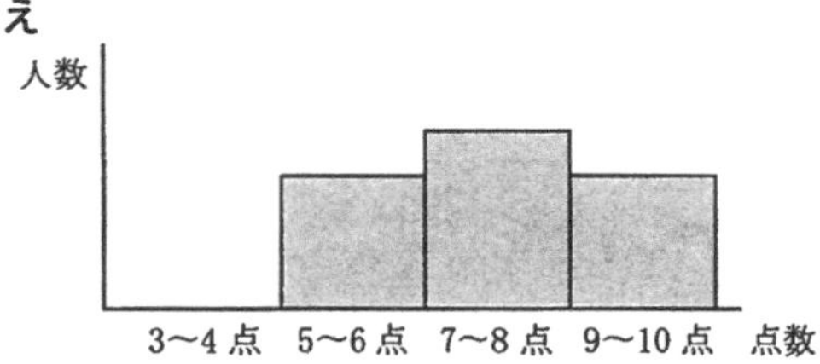


お

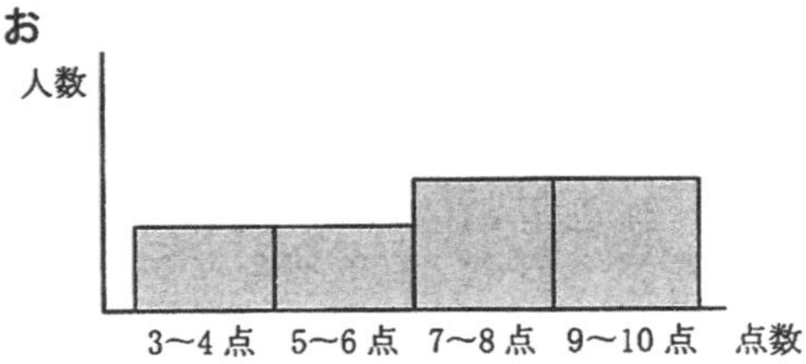


か

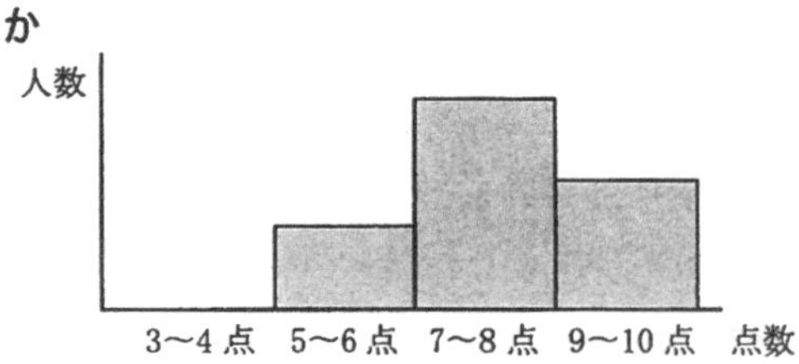

(3) ある１人の国語と算数の点数が逆になっていたことがわかりました。点数を入れかえて正しくしたところ，国語と算数の平均点が等しくなりました。
このとき，点数が逆になっていた人はＡさんからＪさんのうち，
だれですか。
解答用紙に考え方や式を書いて答えなさい。

点数が逆になっていた人は［　　　］さんです。

[３] 下の図のような３つの円柱の形をした空の容器があります。

次の［　　］にあてはまる最も簡単な数を書きなさい。

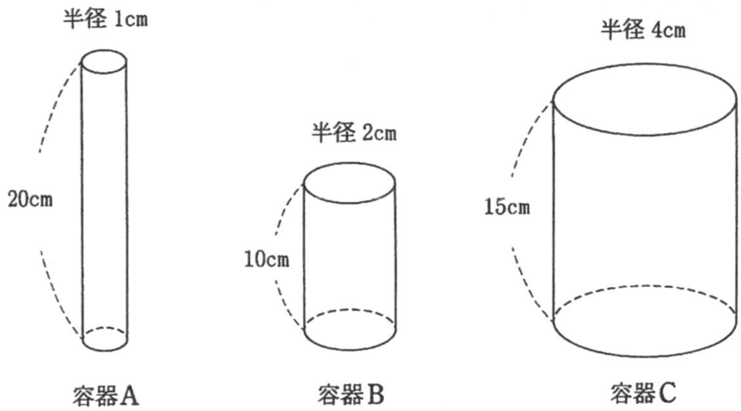


(1) 容器Ｃの容積は容器Ａの容積の［　　］倍です。

(2) 容器Ａの４杯(はい)分の水と容器Ｂの２杯分の水を，容器Ｃに入れました。

このとき，容器Ｃの水の高さは［　　］cm になります。

(3) 容器Ａ，Ｂを使って，容器Ｃに８cm まで水を入れようと思います。

はじめに，容器Ｂの $2\frac{2}{5}$ 杯分の水を入れました。残りを容器Ａを使って

入れると，容器Ａの［　　］杯分の水を入れることになります。



2022(R4) 敬愛中
K 教英出版

一 計 算 紙 一

［4］ 次の［　　］にあてはまる最も簡単な数を書きなさい。

(1) 時計の長針は，1時間に［ア　　］°進むので，1分間に［イ　　］°進むことになります。

短針は1時間に［ウ　　］°進むので，1分間に［エ　　］°進むことになります。

(2) 3時と4時の間で長針と短針が重なる時刻は，3時 $\frac{\boxed{\phantom{00}}}{11}$ 分です。

(3) 0時ちょうどから23時59分までに，長針と短針が重なるのは，

［　　］回あります。

ただし，0時ちょうどを1回目と数えることとします。



2022(R4) 敬愛中
教英出版

— 計 算 紙 —

[５] 兄と弟が持っているおこづかいの金額の比は９：７です。兄が弟に500円あげると，兄と弟のおこづかいの金額の比は11：13になりました。
はじめに弟が持っていたおこづかいの金額を次のように求めました。

次の［　　］にあてはまるものとして，ア，イ は下の語群から答え，ウ，エ は数を書きなさい。

兄が弟に500円をあげる前とあげた後では，2人のおこづかいの金額について，

その［ア　　］は変わらない。

はじめのおこづかいの金額の比は９：７なので，比の合計は16である。500円あげた後のおこづかいの金額の比は11：13なので，比の合計は24である。

16と24の［イ　　］は48なので，兄が500円あげたことを考えると，

はじめに兄は［ウ　　］円持っていたことがわかるので，

弟は［エ　　］円持っていたことになります。

<語群>

| | | | | |
|---|---|---|---|---|
| 和 | 差 | 比 | 最大公約数 | 最小公倍数 |

— 計 算 紙 —

［6］ボールを投げて的に当てるゲームがあります。的は3つあり，当てるとそれぞれ7点，3点，2点がもらえます。1つのボールを何回か投げて，得点の合計を考えます。

次の［　　　］にあてはまる数を書きなさい。

(1) Aさんは15回ボールを投げたところ，7点，3点，2点の的に同じ回数だけ当たり，得点の合計は48点でした。このとき，外れたのは［　　　］回です。

(2) Bさんは何回かボールを投げたところ，7点，3点，2点の的に当たった回数の比が2：3：1で，得点の合計は100点でした。このとき，Bさんは少なくとも［　　　］回ボールを投げたことになります。

(3) Cさんは8回ボールを投げたところすべて的に当たり，得点の合計は23点でした。このとき，Cさんは2点の的に［　　　］回当てたことになります。ただし，Cさんはすべての的に少なくとも1回ずつボールを当てているものとします。

# 敬愛中学校

2022年度　一般入学試験問題

# 理　　科

※　受験上の注意

1．問題は 1 ページから 11 ページまであります。制限時間は 40 分です。

2．解答用紙には、受験番号、氏名を忘れずに記入してください。

3．各問題とも解答は解答用紙の所定のところへ記入してください。

2022(R4) 敬愛中
K 教英出版

**1** 次の会話文を読み，各問いに答えなさい。

先生：今日は，かん電池のつなぎ方のちがいによって，電流の向きや大きさがどのように変わるのかを実験で確かめてみましょう。ここに，モーターとプロペラがついている車があります。かん電池ホルダーが2つあるので，それぞれの部分にかん電池をセットしましょう。

生徒：できました。でも，どう線がつながっていないから，動きません。

先生：そうですね。ではまず，**図1**のようにどう線をつないで走らせてみましょう。

生徒：つなぎました。走らせてみます。

先生：走りましたね。このつなぎ方をすると，前向きに進みましたね。では次に，**図2**のようにつないで走らせてみましょう。

生徒：つなぎました。走らせてみます。**図2**のつなぎ方だと，速さは**図1**のとき（①　**ア**　よりも速く　**イ**　よりも遅(おそ)く　**ウ**　と同じで），進む向きは**図1**のとき（②　**ア**　と同じ　**イ**　とは逆）になりました。

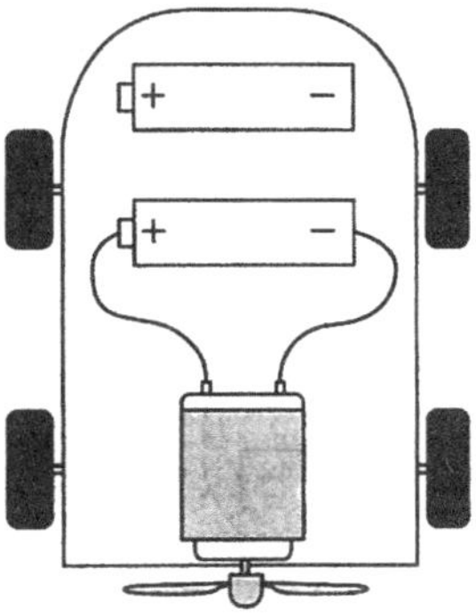


**図1**

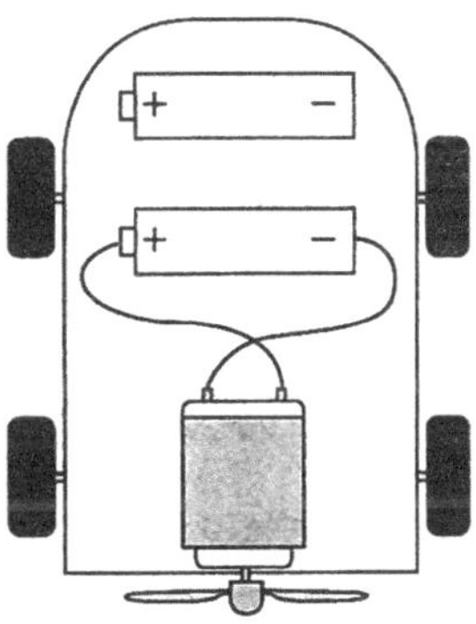


**図2**

先生：そうですね。かん電池1個のときのつなぎ方のちがいで何が変わるのかが分かりましたね。では次に，かん電池2個をいろいろなつなぎ方をしてみて，ちがいをみつけましょう。

生徒：自由につないでも良いですか。

先生：いいえ。つなぎ方によっては，<u>かん電池が熱くなってあぶない場合</u>があります。だからまずは，どう線をどのようにつなぐかを図に書いてみましょう。

生徒：分かりました。

先生：では，みなさんが書いてくれた図を見てみましょう。

ア

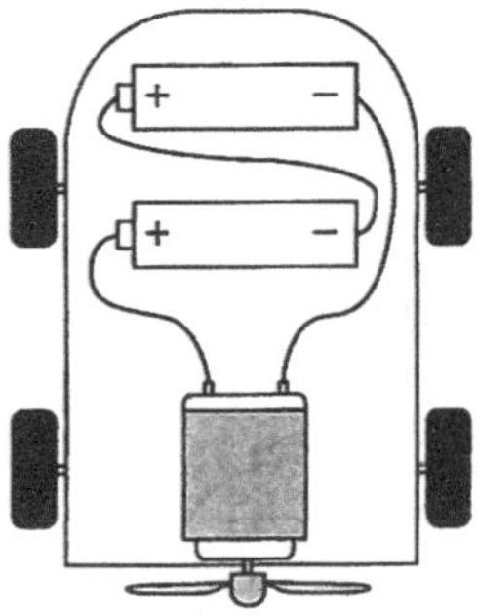

イ

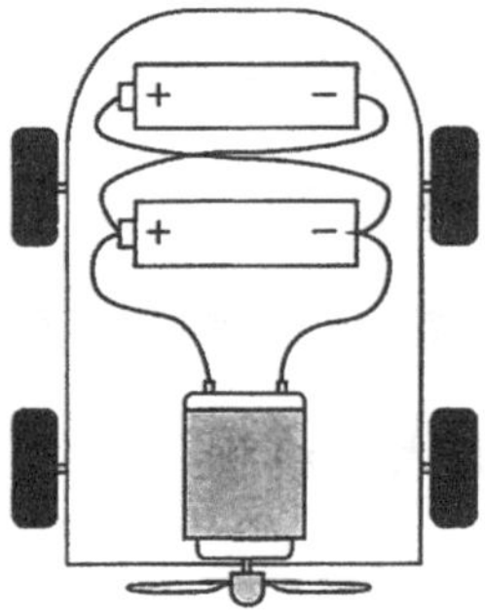

ウ

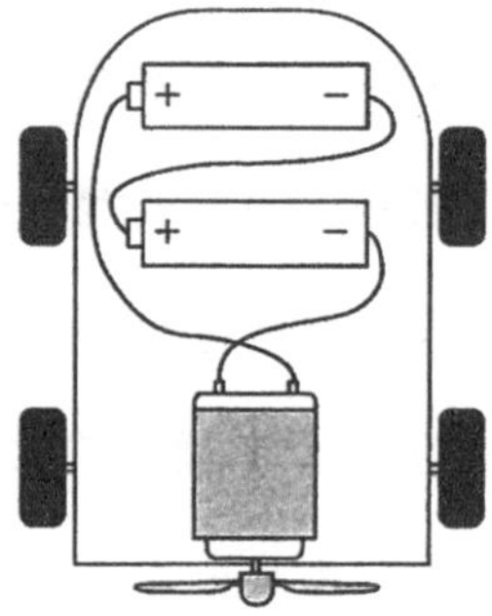

エ

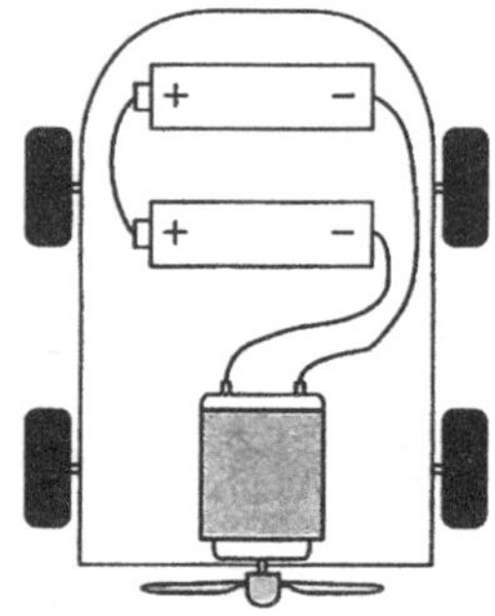

オ

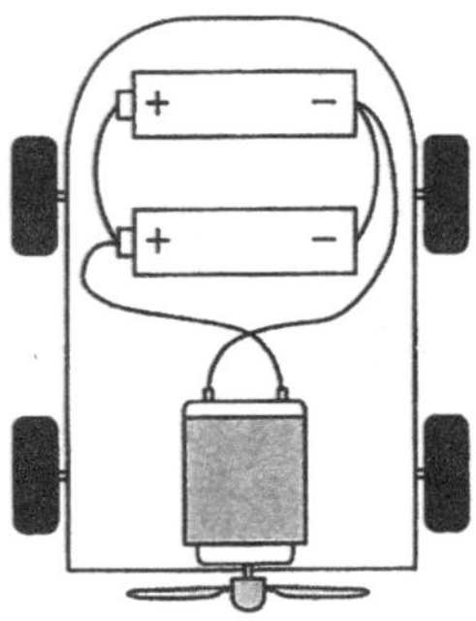

カ

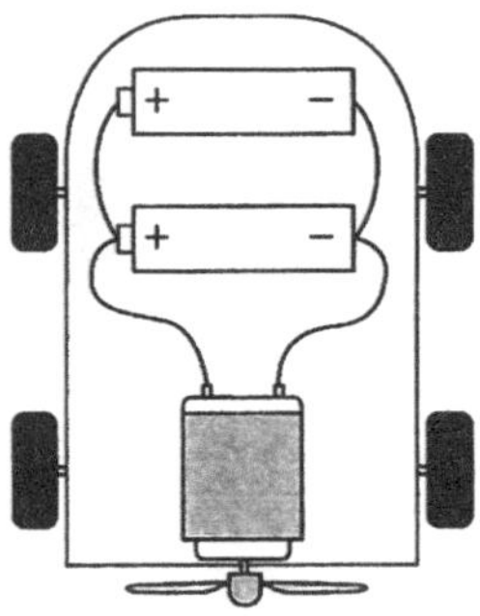

キ

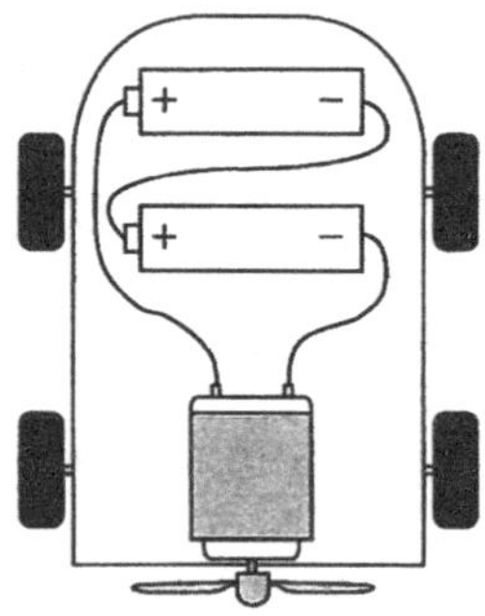

ク

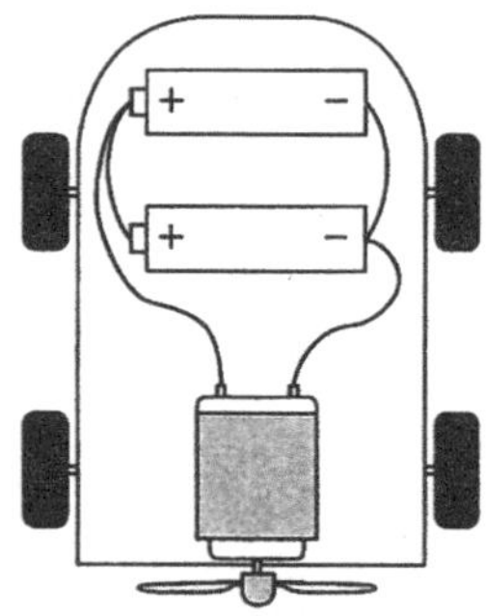

先生：この中には，あぶないつなぎ方があったり，結果が同じになるつなぎ方もあったりしますね。

(1) 文中の（①），（②）に入る語句として最も適当なものをそれぞれ選び，記号で答えなさい。

(2) 電流はかん電池の＋極・－極のどちらから出るか，答えなさい。

(3) 図の**ア**のつなぎ方を何つなぎというか，答えなさい。

(4) 下線部のように，かん電池が熱くなってしまうつなぎ方を図の**ア**～**ク**の中から１つ選び，記号で答えなさい。

(5) 車が動かないつなぎ方を，(4)の解答以外で図の**ア**～**ク**の中から１つ選び，記号で答えなさい。



2022(R4) 敬愛中
教英出版

(6) **図１**のときと速さが同じくらいで，進む向きが同じになるつなぎ方を図の**ア**～**ク**の中から２つ選び，記号で答えなさい。

(7) **図１**のときよりも速くなるが，進む向きは逆になるつなぎ方を図の**ア**～**ク**の中から１つ選び，記号で答えなさい。

(8) **図１**と**図２**では，電池を２個セットしたにもかかわらず，モーターとつながっている電池は１個だけである。なぜ２個セットしたのか，理由を考えて答えなさい。

(9) 次の文は，実験が終わった後の生徒と先生の会話です。(　　)に入る適切な文を考えて答えなさい。

生徒：私が考えたかん電池２個のつなぎ方は，１個をつないだときと速さが変わらないものでした。このつなぎ方は良い所がないですね。

先生：そんなことはないですよ。たとえば，長い時間使っていたかん電池はどうなりますか。

生徒：使えなくなります。

先生：そうですね。かん電池はエネルギー切れになってしまうんです。でも，君の考えたつなぎ方は，かん電池２個で協力しながらかん電池１個だけをつないだときの速さでモーターを回している。つまり，かん電池１個あたりの負担が少ないということです。

生徒：分かりました。このつなぎ方の良い所は，かん電池１個だけをつないだときよりも（　　　　）ということですね。

先生：その通りです。

**2** 6種類の水溶液A～Fを用意し，特徴を調べたりさまざまな実験を行ったりした。各問いに答えなさい。

| | | | | | |
|---|---|---|---|---|---|
| A | 塩酸 | B | 水酸化ナトリウム水溶液 | C | 石灰水 |
| D | アンモニア水 | E | 食塩水 | F | 炭酸水 |

実験① それぞれの水溶液に赤いリトマス紙をつけた。

実験② A，B，Eを10 $cm^3$ずつとり，アルミニウム1gをそれぞれに入れた。

実験③ 実験②でアルミニウムが溶けた2種類の水溶液を新たに10 $cm^3$ずつとって混ぜた。その水溶液に赤いリトマス紙をつけたが色は変わらなかった。また，その水溶液にアルミニウム1gを入れた。

実験④ Fから出てくる気体を集めた。

(1) つんとしたにおいがする水溶液をA～Fから2つ選び，記号で答えなさい。

(2) 実験①で青色に変化した水溶液に共通することを，リトマス紙の変化以外で説明しなさい。

(3) 実験②でアルミニウムが溶けた水溶液は2つで，1つはAだった。もう1つはB，Eのどちらか，記号で答えなさい。

(4) 実験③でアルミニウムが溶けた量は，実験②で溶けた量よりも少なかった。その理由を答えなさい。

(5) 実験④で集めた気体の名前と性質を説明しなさい。

(6) 実験④では，下の図のような装置で気体を集めた。この気体の集め方を答えなさい。また，集めた気体の体積を小数第1位まで答えなさい。

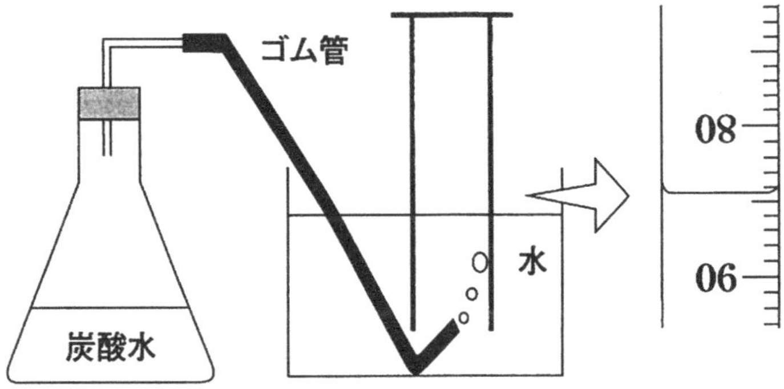


(7) さまざまな体積のAにアルミニウム1gを入れ，溶け残ったアルミニウムの重さを調べると下の表のようになった。アルミニウム1gちょうどを溶かすには，Aは何$cm^3$必要か。小数第2位を四捨五入して答えなさい。

| Aの量［$cm^3$］ | 10 | 20 | 30 | 40 | 50 | 60 |
|---|---|---|---|---|---|---|
| 溶け残ったアルミニウムの重さ［g］ | 0.70 | 0.40 | 0.10 | 0 | 0 | 0 |

(8) アルミニウムは身近な金属である。どのようなところで使われているか，具体例を1つあげなさい。

**3** **図1**はヒトの臓器（ぞうき）（**A**～**F**）を模式的に表したものである。次の文を読み，各問いに答えなさい。なお，**図1**および文中の記号は同じものである。

食べ物を吸収（きゅうしゅう）されやすい養分に変化させることを（　**あ**　）といい，口からこう門までの食べ物の通り道のことを（　**い**　）という。この通り道は，口→食道→**D**→**E**→**F**→こう門とつながっている。

ヒトは鼻や口から空気を吸（す）う。吸った空気は気管を通って**A**に入る。**A**では空気中の（　**う**　）をとり入れ，（　**え**　）を出している。このはたらきを（　**お**　）という。

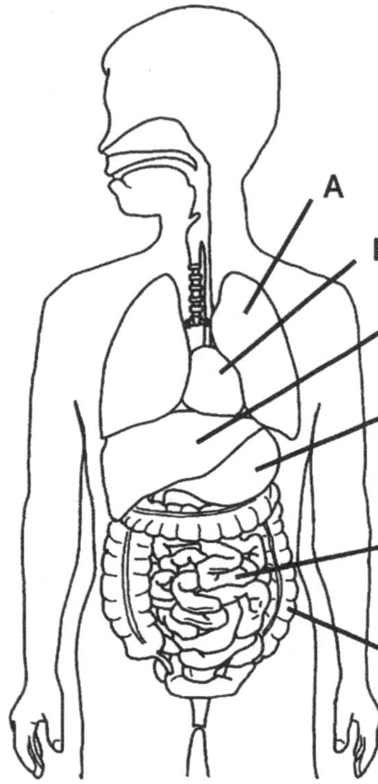


**図1**

(1) 文中の（　　）に入る最も適当な語句をそれぞれ答えなさい。

(2) （　**え**　）の気体を調べるために用いる気体検知（けんち）管は次の**ア**，**イ**のどちらか，答えなさい。

**ア**

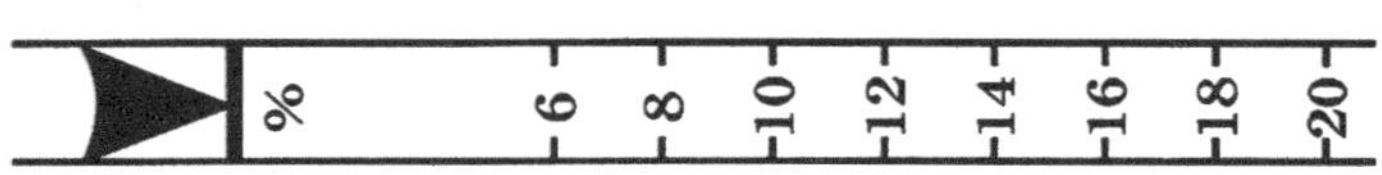


**イ**

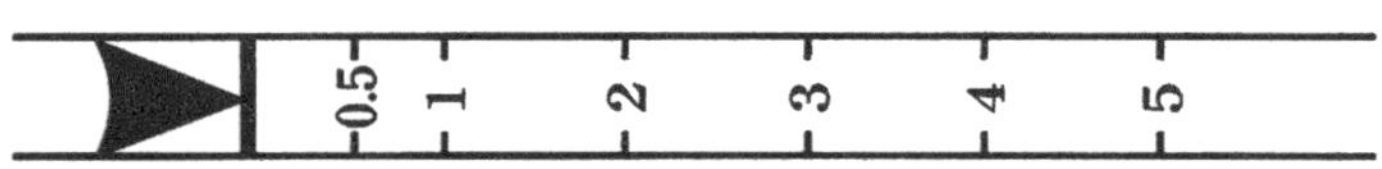




2022(R4) 敬愛中
教英出版

(3) 次の①～③のはたらきをする臓器を**図1**の**A**～**F**からそれぞれ1つずつ選び，記号で答えなさい。また，その名前も答えなさい。

① 食べ物にふくまれている養分を吸収する。

② 主に水分を吸収する。

③ 養分をたくわえたり，その養分を必要なときに全身に送ったりする。

(4) **図2**は，**図1**の**B**の臓器を正面から見た断面の模式図である。次の①，②が示す血管を，**図2**の**a**～**d**からそれぞれ1つずつ選び，記号で答えなさい。

① 全身に血液を送り出す血管

② **図1**の**A**から**B**に向かって血液が流れる血管

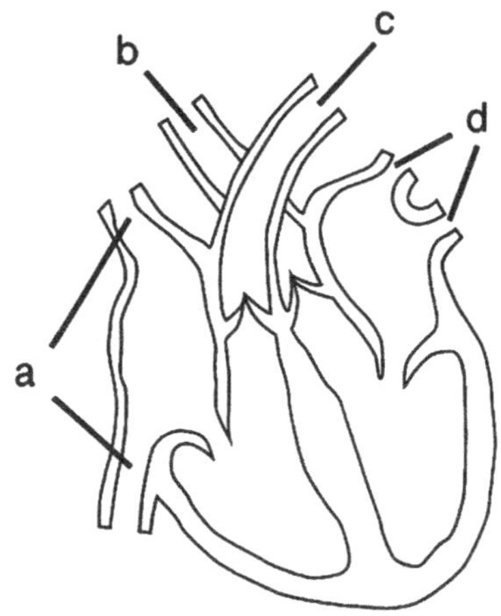

**図2**

4 各問いに答えなさい。

学校の近くにある地層の観察を行い，次のようにまとめた。

地層の観察

〔**観察日**〕 9月9日

〔**目的**〕 学校の近くにある地層を観察し，地層のでき方を考える。

〔**方法**〕 Ⅰ．地層のようすをスケッチする。(**図1**)

Ⅱ．地層の特徴を調べる。

〔**結果**〕

・**A**，**C**，**E層**は，砂岩の層だった。

・**B**，**D層**は，でい岩の層だった。

・地層の中から，石のようになった貝がらが見つかった。

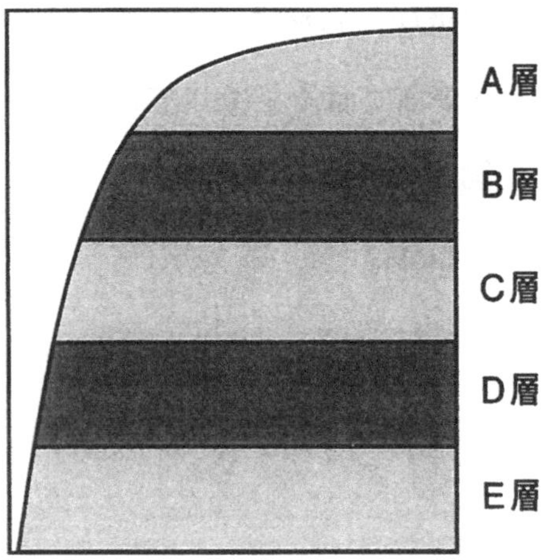


**図1**

〔**考察**〕

・砂岩やでい岩の層が見られたので，この場所に土砂を運んだ水の力が変化したと考えられる。

・見つかった貝がらから，海底でたい積した地層であると考えられる。

〔**観察後に調べたこと**〕

・観察した地層は，連続的にたい積した地層であり，上下の関係が逆転していないことがわかった。



2022(R4) 敬愛中
K 教英出版

(1) **図1**について説明した次の文の（　　）に入る語句として適当なものをそれぞれ選び，記号で答えなさい。

地層は（① **ア**　上から下　　**イ**　下から上）へと順に積み重なることから，最も古い層は（② **ア**　**A層**　　**イ**　**E層**）である。

(2) 下線部のように，生物の死がいや生活のあとが石のようになったものを何というか，答えなさい。

次に，海に流れこんだ土砂がたい積するようすについて調べるため，**実験Ⅰ**，Ⅱを行った。

〔**実験Ⅰ**〕

つつ状の容器に水を満たし，れき，砂，どろを混ぜた土砂を注ぎしばらくおいた後，粒（つぶ）の積もり方を観察した。

**図2**は，容器に積もった粒のようすをスケッチしたものである。

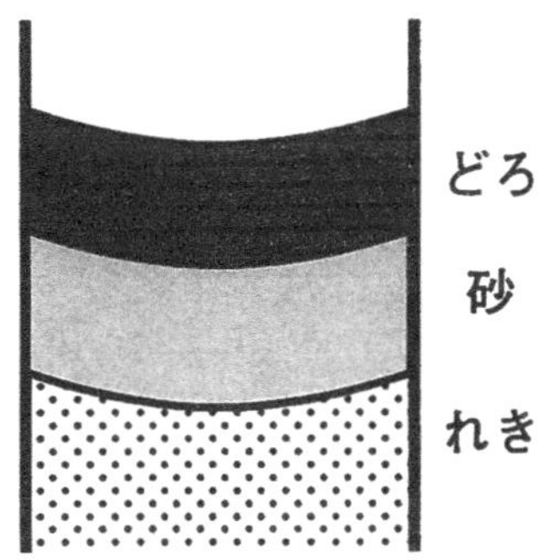

**図2**

〔**実験Ⅱ**〕

トレーにれき，砂，どろを混ぜた土砂をもり，全体を少しかたむけて水を入れた。斜面（しゃめん）の上から静かに水をかけ，粒の積もり方を観察した。

**図3**は，実験後のトレーのようすを上から見てスケッチしたものである。

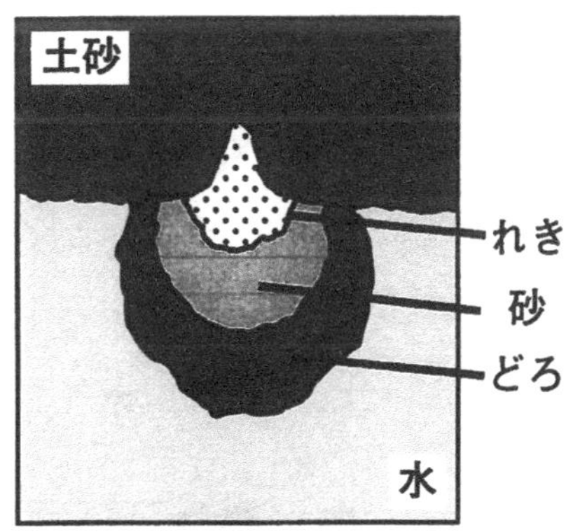

**図3**

(3) れきは粒の大きさが直径何 mm 以上か，答えなさい。

(4) **実験Ⅰ**，**Ⅱ**について説明した次の文の（　　）に入る語句として適当なものをそれぞれ選び，記号で答えなさい。

**実験Ⅰ**，**Ⅱ**のうち，粒の大きさと運ばれる距離との関係を調べるのに適した実験は（① **ア**　**実験Ⅰ**　　**イ**　**実験Ⅱ**）で，粒が（② **ア**　大きい　**イ**　小さい）ほど遠くまで運ばれることがわかる。また，もう一方の実験は，粒の大きさとしずむ速さとの関係を調べるのに適した実験で，粒が大きいほど（③ **ア**　速く　　**イ**　ゆっくり）しずむことがわかる。

(5) **実験Ⅰ**，**Ⅱ**の結果から考えたとき，海に流れこんだれき，砂，どろのたい積のようすを表した断面図として最も適当なものを，次の**ア**～**カ**から選び，記号で答えなさい。

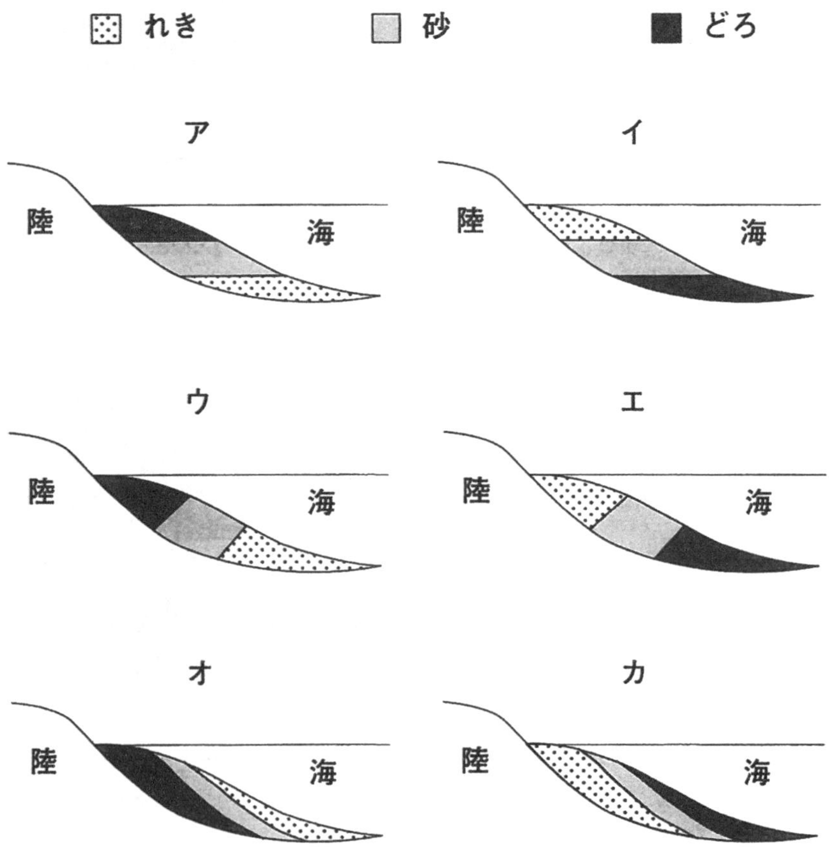

(6) 次の文は，**実験Ⅰ**，**Ⅱ**の結果から考えられることについて説明したものである。文中の（　　）に入る語句として適当なものをそれぞれ選び，記号で答えなさい。

**図1**の**A層**と**B層**のように，砂岩の層が上に，でい岩の層が下にできたのは，でい岩がたい積した後，この場所に流れる水の力が（① **ア**　大きく　**イ**　小さく）なって，運ばれる粒の大きさが変化したからだと考えられる。または，この場所の海水面が（② **ア**　上がって岸から遠く　**イ**　下がって岸に近く）なったからだと考えられる。

2022(R4) 敬愛中
K 教英出版

2022(R4) 敬愛中
K 教英出版

# 敬 愛 中 学 校

2022年度　一般入学試験問題

# 社　　会

※　受験上の注意

1．問題は 1 ページから 16 ページまであります。制限時間は 40 分です。

2．解答用紙には、受験番号、氏名を忘れずに記入して下さい。

3．各問題とも解答は解答用紙の所定のところへ記入して下さい。

# ［1］ 次の会話文を読み、問いに答えなさい。

A：昨年は、東京オリンピック・パラリンピック大会が開催されて、多くの選手が活躍したね。

B：そうだね。敬愛高校の卒業生も柔道で活躍したね。たくさん応援したよ。

A：今回の大会は、「Be better, together/ よりよい未来へ、ともに進もう」という持続可能な社会へ向けた目標があったんだよ。

B：①地球温暖化に対する内容や資源の管理など、５つの主要テーマが設けられていたね。環境や人にやさしい大会をめざしていたんだ。

A：廃棄物をより少なくしたり、競技会場で使われる電力に②再生可能エネルギーを使う目標が設定されたりしていたね。

B：再利用といえば、表彰台は使い捨てプラスチックを再利用して作られたね。

A：メダルもそうよ。使わなくなった携帯電話や小型家電製品から回収された金属を使って、すべてのメダルをつくったのよ。金だけでも 32 キログラム集まったそうよ！

B：ほかにも、選手が交流する選手村の広場に使用されたすべての木材は、③都道府県から借り受けたものだったよ。大会後は返却されて、再利用されるそうだ。

A：木材といえば、オリンピックの開会式に登場した木製の④オリンピックシンボルは、1964 年の東京大会の時に各国や地域の人たちが持ってきた苗木から育てられた木を用いているそうよ。57 年間、大切に⑤木を育ててきたのね。

B：今回はかなわなかったけれど、いつかオリンピックを実際に見てみたいな。

A：私は見るんじゃなくて、オリンピック選手として大会に出場したいわ。

B：次の大会は⑥フランスだね。その時は、たくさん応援するよ。



2022(R4) 敬愛中
教英出版

問１　下線部①についての文を読み、問いに答えなさい。

> 原油や石炭といった化石燃料を大量に燃やすと、地球温暖化や空気のよごれなど環境に大きな影響をおよぼします。
> 日本の化石燃料の使用量は、工業の発達とともに増えてきました。また、発電においても、化石燃料を必要とする火力発電所が電力を多く使う工業地域や大都市に近いところにつくられています。今後は、地球環境のためにも、環境にやさしい生活をしていくことが求められています。

(1)　日本は化石燃料をふくむ多くの資源を輸入にたよっています。原油の主な輸入相手国をあらわしているグラフを**ア**～**エ**から一つ選び、記号で答えなさい。

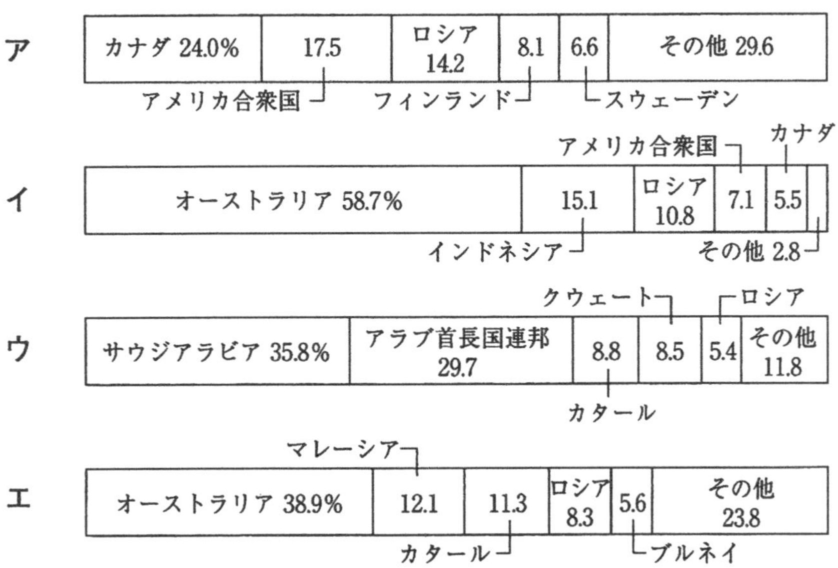


（「2019年 財務省貿易統計」などより作成）

(2)　日本の電力は火力のほか、水力や原子力、再生可能エネルギーからつくられています。日本の発電量（2017年）の内訳を示した次のグラフの**ア**～**エ**のうち、火力発電をあらわしているものを一つ選び、記号で答えなさい。

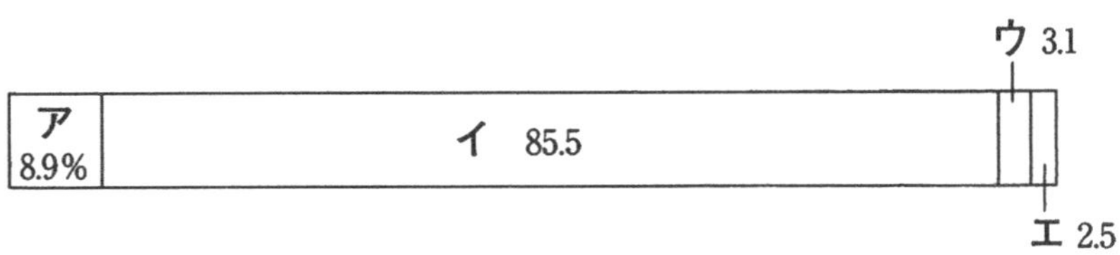


（「World Energy Statistics」などより作成）

問２　下線部②には、自然エネルギーもふくまれます。次の文が説明している自然エネルギーは何か答えなさい。

> 高温の水や蒸気を利用した発電は、火山の多い日本に適しています。しかし、発電所を作る場所が限られていることが問題点です。

問３　下線部③について、地図を見て、問いに答えなさい。

(1)　**A**の湖、**B**の河川、**C**の海流の名前を答えなさい。

(2)　**ア**～**エ**県のうち、県名と県庁所在地の都市名が異なる県を一つ選び、記号で答えなさい。また、その県名も答えなさい。

(3)　**X**県で見られる農業の説明を**ア**～**エ**から一つ選び、記号で答えなさい。

**ア**　冬の寒い時期にビニールハウスで育てたピーマンなどの野菜を、他の地域では生産しにくい春の時期に出荷しています。

**イ**　高地のすずしい気候で育った高原野菜を、他の地域では生産しにくい夏の時期に出荷しています。

**ウ**　降雪量が多く、豊かな雪解け水を利用した米作りがさかんです。

**エ**　広大な土地を利用した大規模な農業が特色で、寒い気候に強いじゃがいもの生産は全国一です。

(4)　▨　で示した県で共通して生産がさかんな農作物を**ア**～**エ**から一つ選び、記号で答えなさい。

**ア**　ぶどう　　　**イ**　りんご　　　**ウ**　なし　　　**エ**　みかん

問４　下線部④は、５つの大陸の結びつきをあらわしています。５つの大陸のうち、オーストラリア大陸は次の地図中**ア**～**エ**のどの区域にありますか。あてはまるものを一つ選び、記号で答えなさい。

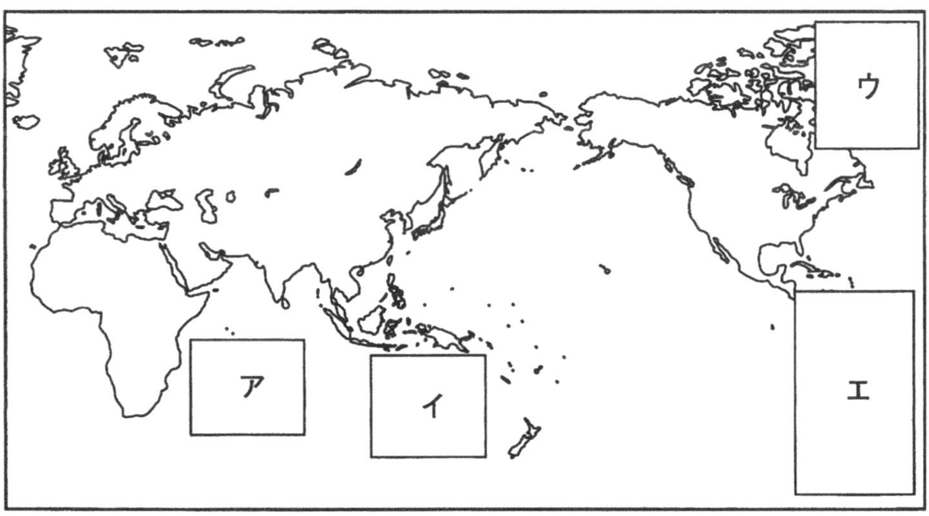

問５　下線部⑤に関連して、森林のはたらきとして**あやまっているもの**を**ア～エ**から一つ選び、記号で答えなさい。

**ア**　雨水をたくわえ、少しずつ流し出すダムのようなはたらきがあります。

**イ**　地面に張った木々の根が土砂の流出をおさえ、土砂くずれを防ぎます。

**ウ**　動物のすみかとなり、えさをもたらします。

**エ**　酸素を吸って、二酸化炭素をはき出すはたらきがあります。

問６　下線部⑥と同じヨーロッパ州にある国を**ア～エ**から一つ選び、記号で答えなさい。

**ア**　ブラジル　　**イ**　カナダ　　**ウ**　ドイツ　　**エ**　エジプト

問７「持続可能な社会」の実現に向けて、あなたができることや実行したいことを書きなさい。



2022(R4) 敬愛中
K 教英出版

［2］　敬太くんのクラスでは、福岡市、長崎市、鹿児島市の歴史を調べ、班ごとに発表しました。次の地図と発表のパネルを見て、問いに答えなさい。

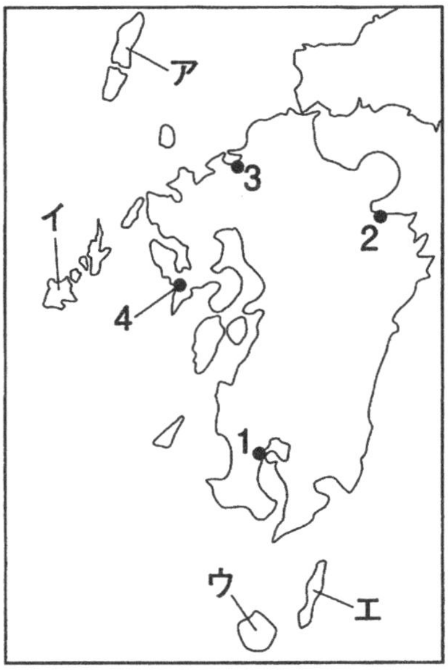


問1　福岡市、長崎市、鹿児島市は地図中**1**～**4**のどれにあたりますか。都市とその位置の組み合わせとして正しいものを**ア**～**エ**から一つ選び、記号で答えなさい。

**ア**　福岡市－**3**　長崎市－**1**　鹿児島市－**2**
**イ**　福岡市－**3**　長崎市－**2**　鹿児島市－**1**
**ウ**　福岡市－**3**　長崎市－**4**　鹿児島市－**1**
**エ**　福岡市－**3**　長崎市－**1**　鹿児島市－**4**

A班のパネル　福岡市
・古くから大陸との交流がさかんで、①<u>さまざまな遺跡が発見されています</u>。
・博多(はかた)の港は、②<u>遣隋使(けんずいし)や遣唐使(けんとうし)</u>から始まる日本の外交と交易の中心となり、飛鳥時代から③<u>大宰府(だざいふ)</u>と呼ばれる役所の玄関(げんかん)口の役割を果たしました。
・［あ］<u>元の軍勢が２度にわたってせめてきた</u>ので、④<u>幕府</u>の御家人たちは苦戦のあと、これを退けました。

問２　下線部①について、漢（中国）に使いを送り、皇帝から下の写真の金印をさずかった人物を**ア**～**エ**から一人選び、記号で答えなさい。

**ア**　卑弥呼（ひみこ）
**イ**　倭王武（わおうぶ）
**ウ**　聖徳太子
**エ**　奴国王（なのこくおう）

問３　下線部②が学んだことをもとにつくられた政治のしくみとして、**あやまっているもの**を**ア**～**エ**から一つ選び、記号で答えなさい。

**ア**　すべての土地と人民を天皇が治める政治のしくみをつくりました。

**イ**　家がらにとらわれず、試験を行って役人を選ぶようにしました。

**ウ**　人々は、国から農地が与えられる代わりに、さまざまな税をおさめなければなりませんでした。

**エ**　人々は、都の工事で働いたり、兵士として都や九州などの守りについたりしました。

問４　下線部③の近くには、奈良時代に国ごとに建てられた寺院があります。この寺院の名前を答えなさい。

問５　下線部④のしくみとして正しいものをどちらか一つ選び、記号で答えなさい。

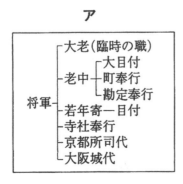

**ア**

- 将軍
  - 大老（臨時の職）
  - 老中
    - 大目付
    - 町奉行
    - 勘定奉行
  - 若年寄－目付
  - 寺社奉行
  - 京都所司代
  - 大阪城代

**イ**

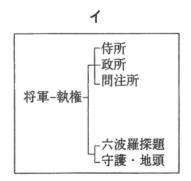

- 将軍－執権
  - 侍所
  - 政所
  - 問注所
  - 六波羅探題
  - 守護・地頭

B班のパネル　長崎市

・16世紀後半、ここに開かれた港にはヨーロッパ人が訪れ、キリスト教徒が増えていきました。全国統一を果たした⑤豊臣秀吉は、キリスト教宣教師の追放を命じました。

・幕府は、⑥重い年貢（ねんぐ）とキリスト教へのきびしい取りしまりに対して起こった一揆（いっき）をしずめたあと、い貿易港を長崎だけとしました。

・出島でオランダとの貿易が行われました。また、オランダ語の書物を通して、⑦ヨーロッパの学問の研究がさかんになりました。

問6　下線部⑤の政策について述べた文のうち、**あやまっているもの**を**ア～エ**から一つ選び、記号で答えなさい。

**ア**　農民や寺院から刀や弓、やり、鉄砲（てっぽう）などの武器を取り上げました。

**イ**　全国の田畑の面積や土地の良しあしなどを調べ、年貢を納めさせました。

**ウ**　安土に城を築き、城下町では自由な商工業の発展を図りました。

**エ**　明（中国）の征服（せいふく）をめざして、朝鮮（ちょうせん）に大軍をおくりました。

問7　下線部⑥のできごとを**ア～エ**から一つ選び、記号で答えなさい。

**ア**　島原・天草一揆　　**イ**　応仁の乱　　**ウ**　一向一揆　　**エ**　打ちこわし

問8　下線部⑦に関係のある人物を**ア～エ**から一人選び、記号で答えなさい。

**ア**　杉田玄白（げんぱく）　　**イ**　葛飾北斎（かつしかほくさい）　　**ウ**　本居宣長（もとおりのりなが）　　**エ**　大塩平八郎

C班のパネル　鹿児島市

・⑧鉄砲が伝えられたあと、⑨キリスト教の宣教師がここに上陸しました。彼は、う山口、京都、大分などで布教活動に努めました。

・ここに城をかまえた島津氏は⑩戦国時代になって勢いを強め、一時は今の鹿児島県だけでなく宮崎県にまで支配を広げました。

・島津氏は、⑪関ヶ原の戦いのあと、徳川氏に従いました。さらに、⑫琉球（りゅうきゅう）王国に出兵し、琉球を窓口とした貿易で大きな利益をあげました。

問9　下線部⑧について、鉄砲が伝来したとされる島を6ページの地図中**ア～エ**から一つ選び、記号で答えなさい。

問 10　下線部⑨の人物の名前を答えなさい。

問 11　下線部⑩の時代の特徴として**あやまっているもの**を**ア**～**エ**から一つ選び、記号で答えなさい。

**ア**　身分の下の者が上の者に実力でとってかわる傾向が強まりました。

**イ**　上皇が幕府から政権を取りもどそうとして、兵をあげました。

**ウ**　村では人々が話し合いで村のおきてを決めたり、ほかの村と交渉（こうしょう）を進めるなど、団結して村を守るようになりました。

**エ**　力を強めた戦国大名のなかから全国支配をめざす動きがあらわれました。

問 12　下線部⑪のような大名を何というか、答えなさい。

問 13　下線部⑫を代表する建物を**ア**～**エ**から一つ選び、記号で答えなさい。

**ア**

**イ**

**ウ**

（2019 年　焼失）

**エ**

問 14　パネル中の波線部あ～うのできごとを古い順に並べ、記号で答えなさい。



2022(R4) 敬愛中
K 教英出版

# 2022年度　敬愛中学校　一般入学試験　国語　解答用紙

【一】

問一
ⓐ
ⓑ
ⓒ
ⓓ
ⓔ

問二
塔と金堂が
ということ。

問三
A
B
C

問四
②
④
⑤

問五
i
ii
iii

問六

問七
Ⅰ
Ⅱ
Ⅲ

【】

12
行

【解答

# 算数　解答用紙

| | | | | |
|---|---|---|---|---|
| [3] | (1) | | (2) | |
| | (3) | | | |

| | | | | |
|---|---|---|---|---|
| [4] | (1) | ア | イ | |
| | | ウ | エ | |
| | (2) | | (3) | |

| | | |
|---|---|---|
| [5] | ア | イ |
| | ウ | エ |

| | | | | |
|---|---|---|---|---|
| [6] | (1) | | (3) | |
| | (2) | | | |

※100点満点
（配点非公表）　総点　　　　点

| | | | |
|---|---|---|---|
| 受験番号 | | 氏名 | |

# 理　科　解答用紙

3

| | | | | |
|---|---|---|---|---|
| (1) | あ | | い | |
| | う | | え | |
| | お | | (2) | |
| (3) | ① | 記号 | 名前 | |
| | ② | 記号 | 名前 | |
| | ③ | 記号 | 名前 | |
| (4) | ① | | ② | |

4

| | | | | | | | | | | | |
|---|---|---|---|---|---|---|---|---|---|---|---|
| (1) | ① | | ② | | (2) | | | | | | |
| (3) | mm 以上 | (4) | ① | | ② | | ③ | | (5) | | |
| (6) | ① | | ② | | | | | | | | |

※50点満点
（配点非公表）

| | | | |
|---|---|---|---|
| 受験番号 | | 氏名 | |

総点　　　　　点

| 13 | | 14 | → → |
|---|---|---|---|

| [3] | | | | | | | | |
|---|---|---|---|---|---|---|---|---|
| | 問1 | (1) | | (2) | | 問2 | | |
| | 問3 | ( ）、空港を 24 時間使用できます。 | | | | | 問4 | |
| | 問5 | | | | | | | |
| | 問6 | | 問7 | | 問8 | | | |
| | 問9 | | 問10 | | 問11 | | 問12 | |
| | 問13 | | 問14 | | | | | |

※50点満点
（配点非公表）

| 受験番号 | | 氏名 | |
|---|---|---|---|

総点　　　　点

問二

問三
A
B
C

問四

問五

問六

問七

問八

【三】

問一
①
②

問二
①
②

問三

【四】

の解答らんはウラ面にあります。

受験番号

氏名

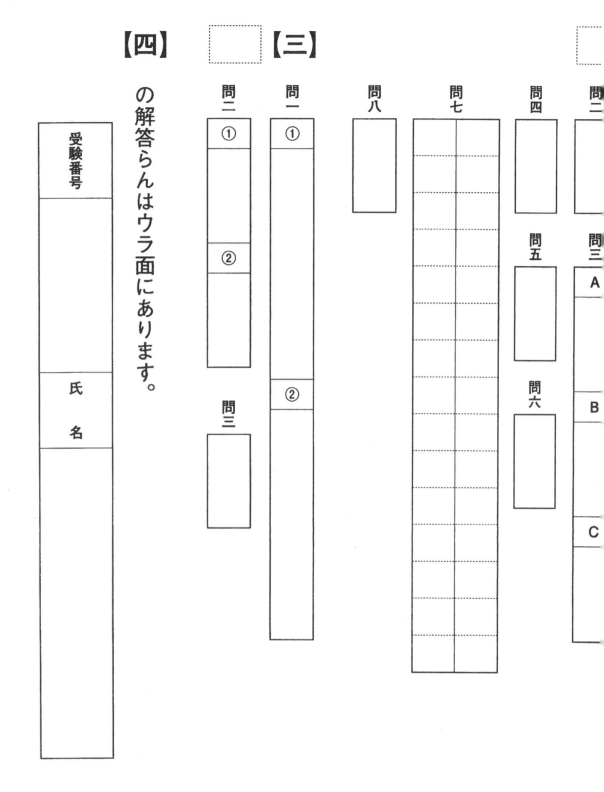

総点　　　点　※100点満点（配点非公表）

【四】

表面からの続きです。

# 2022年度　敬愛中学校　一般入学試験

| | | | | |
|---|---|---|---|---|
| [1] | (1) | | (2) | |
| | (3) | | (4) | |
| | (5) | | (6) | |
| | (7) | | | |
| | (8) | ㋐ | ㋑ | |

| | | | |
|---|---|---|---|
| [2] | (1) | ㋐ | ㋑ |
| | (2) | ① | ② |
| | (3) | 点数が逆になっていた人は　　　さんです。 | |

2022年度　敬愛中学校　一般入学試験

1

| | | | | | | | | | |
|---|---|---|---|---|---|---|---|---|---|
| (1) | ① | | ② | | (2) | 極 | (3) | つなぎ | |
| (4) | | (5) | | (6) | | | (7) | | |
| (8) | | | | | | | | | |
| (9) | | | | | | | | | |

2

| | | | |
|---|---|---|---|
| (1) | | | |
| (2) | | (3) | |
| (4) | | | |
| (5) | 名前 | | |
| | 性質 | | |
| (6) | 集め方 | 体積 mL | |
| (7) | cm³ | | |
| (8) | | | |

2022(R4) 敬愛中
教英出版

2022年度　敬愛中学校　一般入学試験

# 社会　解答用紙

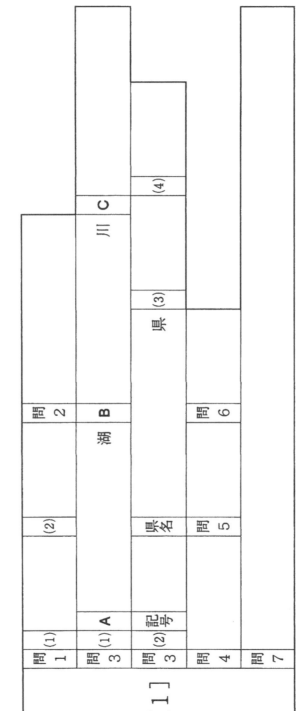

| [1] | | | | | | | | | | |
|---|---|---|---|---|---|---|---|---|---|---|
| | 問1 | (1) | | (2) | | 問2 | | | | |
| | 問3 | (1) | A | 湖 | B | 川 | C | | | |
| | 問3 | (2) | 記号 | | 県名 | 県 | (3) | | (4) | |
| | 問4 | | 問5 | | 問6 | | | | | |
| | 問7 | | | | | | | | | |

| [2] | | | | | | | | | | |
|---|---|---|---|---|---|---|---|---|---|---|
| | 問1 | | 問2 | | 問3 | | 問4 | | | |
| | 問5 | | 問6 | | 問7 | | 問8 | | 問9 | |

［３］　北九州市内でみられる景色や建物は、過去から現在にかけてのようすを教えてくれます。次の資料１～資料７を見て、問いに答えなさい。

資料１　北九州市役所と市議会の建物

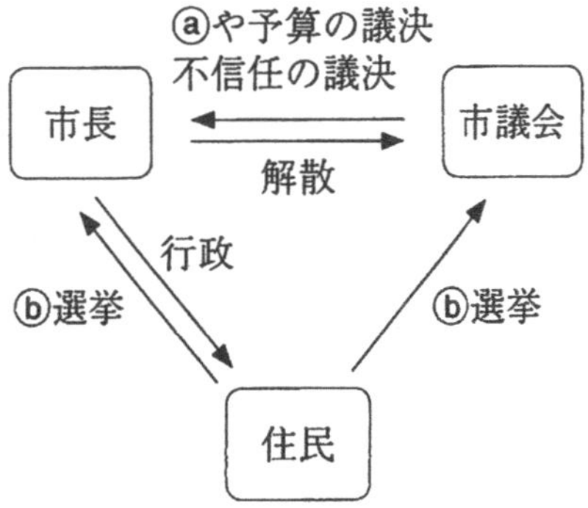

図　市の政治と住民のつながり

問１　図を見て、問いに答えなさい。

(1)　図中のⓐには、都道府県や市区町村といった地方公共団体の議会で話し合って決めるきまりの名前があてはまります。ⓐにあてはまる語句を**漢字二字**で答えなさい。

(2)　図中のⓑについて、現在、選挙権を持っているのは何才以上ですか。**ア**～**エ**から一つ選び、記号で答えなさい。

**ア**　16才以上　　**イ**　18才以上　　**ウ**　20才以上　　**エ**　22才以上

問２　次の統計は、過去10回分の北九州市長選挙における投票率（％）を示しています。投票率の変化をグラフで表すとき、最もふさわしいグラフの種類はどれですか。**ア**～**ウ**から一つ選び、記号で答えなさい。

| 昭和58年 | 昭和62年 | 平成3年 | 平成7年 | 平成11年 | 平成15年 | 平成19年 | 平成23年 | 平成27年 | 平成31年 |
|---|---|---|---|---|---|---|---|---|---|
| 65.03 | 68.46 | 48.95 | 40.32 | 44.16 | 38.32 | 56.57 | 37.00 | 35.88 | 33.48 |

（北九州市ホームページより作成）

**ア**　円グラフ　　**イ**　帯グラフ　　**ウ**　折れ線グラフ

資料2　北九州空港

◆特徴

もともとは陸軍の飛行場があった小倉南区曽根（そね）につくられた空港でした。しかし、周辺の市街地化が進んだりしたため、沖合に人工島をつくり、2006年に移転しました。2018年度までは5年連続で国内線利用者が増加しており、空港までの交通網（もう）の整備も進められています。

問3　北九州空港をはじめ、日本国内には海上空港がいくつかあります。海上に空港を建設することの大きな利点として、次の（　　　）にふさわしい言葉を入れ、文を完成させなさい。

（　　　　　　　　　　　　　）、空港を24時間使用できます。

問4　次の雨温図は北九州空港、那覇（なは）市、松本市（長野県）、秋田市のいずれかのものです。このうち、北九州空港のものを**ア**～**エ**から一つ選び、記号で答えなさい。

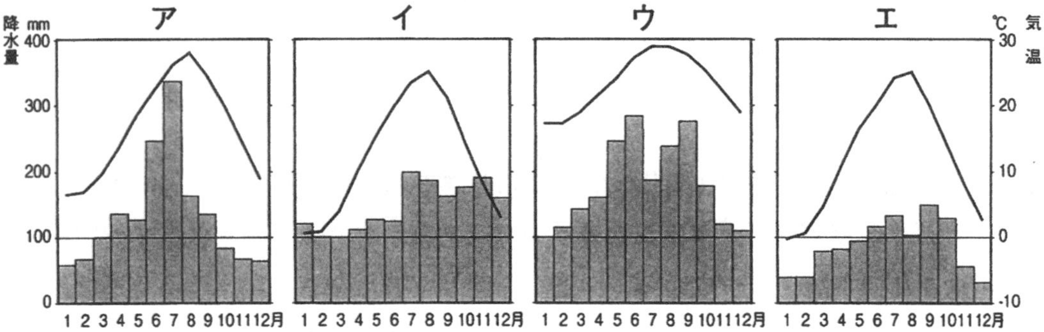


（気象庁ホームページより作成）

資料3　小倉駅

◆特徴

小倉駅は新幹線と鹿児島本線、日豊（にっぽう）本線などとの乗りかえ駅になっており、また、駅の南側には商業施設（しせつ）やオフィスがたくさん立地しています。小倉駅の乗車人員は1日あたり35,636人（2019年度）であり、JR九州内の駅のなかでは2番目の多さになっています。

（統計はJR九州ホームページより）

ホームの点字ブロック

ホームから改札口に向かうためのエレベーター

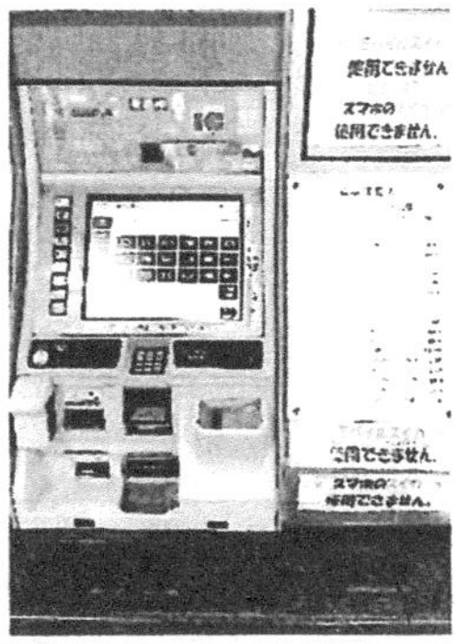

硬貨が入れやすいようになっている券売機と、その横にある点字の運賃表

問５　駅構内には写真のような工夫がされているところを見ることができます。それはなぜですか。写真を参考にして、その理由を「**基本的人権**」という語句を用いて、説明しなさい。

資料４　豊前大里宿趾

◆特徴

右の石碑は門司駅そばに立っているものです。門司駅周辺の地域は、「大里（だいり）」とよばれています。平安時代に「内裏（だいり）」とよばれていたなごりです。

内裏は天皇の住まいのことで、かつて平氏が安徳天皇をつれて、この地域に御所を置いたことがその由来になっています。

問６　平安時代に活躍した人物とその説明として**あやまっているもの**を**ア～エ**から一つ選び、記号で答えなさい。

**ア**　源頼朝　－関東の有力武士を味方につけ、弟の義経とともに、平氏を滅ぼしました。

**イ**　行基　　－人々に熱心に仏教の教えを広めて歩きながら、ため池や橋などをつくる土木工事を行いました。

**ウ**　藤原道長－天皇とのつながりを強め、天皇にかわって政治を動かすほどの権力を持ちました。

**エ**　清少納言－「枕草子」に、身のまわりのできごとを個性豊かな視点でつづりました。

問7　平安時代の貴族が住んでいた屋敷(やしき)で、池がある大きな庭園を設けたつくりを何といいますか。

資料5　矢筈(やはず)山キャンプ場

◆特徴

明治20年ごろに伊藤博文首相らの指示により、関門地区を守るための施設がこの地に築かれました。戦後は、歴史的建造物をキャンプ場施設として利用しています。

問8　日本は明治から昭和にかけて、いくつもの戦争を経験してきました。特に昭和時代の戦争では、住民を巻き込んだ戦闘(せんとう)が行われたり、原子爆弾(ばくだん)によって多くの命が奪(うば)われたりしました。一方で、日本はアジアをはじめ外国に大きな被害を与えました。日本国憲法では、このような悲惨(ひさん)な戦争を二度とくり返さないことをかかげた原則がありますが、これを何といいますか。

問9　日本国憲法が公布された日は国民の祝日となっています。公布された年月日と国民の祝日の組み合わせとして正しいものを**ア**～**エ**から一つ選び、記号で答えなさい。

| ア | イ | ウ | エ |
|---|---|---|---|
| 1946年11月3日<br>憲法記念日 | 1946年11月3日<br>文化の日 | 1947年5月3日<br>憲法記念日 | 1947年5月3日<br>文化の日 |

問10　戦後の日本には自衛隊がつくられ、さまざまな場面で活動しています。次のうち、自衛隊の役割として**あてはまらないもの**を**ア**～**エ**から一つ選び、記号で答えなさい。

**ア**　防犯指導(ほうはんしどう)　　**イ**　国際協力　　**ウ**　災害派遣(はけん)　　**エ**　国土防衛



2022(R4) 敬愛中
K 教英出版

資料6 黒崎貝塚

◆特徴

北九州市西部の中心地である黒崎では、縄文時代の貝塚が発見されています。貝塚を調べてみると、当時の黒崎周辺の海にはたくさんの生き物がいたことがわかります。

問11 縄文時代の生活のようすとして**あてはまらないもの**を**ア**～**エ**から一つ選び、記号で答えなさい。

**ア** 貧富や身分の差がなく、協力して竪穴(たてあな)住居をつくりました。

**イ** 狩(か)りや漁、木の実の採集などをして食料を得ました。

**ウ** 大陸から青銅(せいどう)器や鉄器が伝わり、祭りの道具や農具として使いました。

**エ** 豊かなめぐみをいのったり、魔(ま)よけに使ったりするために、土偶(どぐう)をつくりました。

問12 2021年7月、「北海道・北東北の縄文遺跡群」が世界文化遺産に登録されることになりました。次のうち、この世界文化遺産にふくまれる遺跡を**ア**～**エ**から一つ選び、記号で答えなさい。

**ア** 登呂(とろ)遺跡　　**イ** 吉野ケ里遺跡

**ウ** 板付(いたづけ)遺跡　　**エ** 三内丸山遺跡

資料7 堀川(ほりかわ)運河

◆特徴

水深が浅くても運送ができるように船底を平らにした「川ひらた」という船が、人工的につくられたこの川を通過して、米や石炭を若松の港に運びました。明治時代の中ごろに、川ひらたによる石炭輸送は最も多い時期をむかえますが、その後は、石炭を産出する地域（筑豊(ちくほう)地方）と港がある若松との間に鉄道が開通し、石炭輸送の主役は鉄道に移っていきました。

問13　明治に入り、政府は、日本最大の産出量をほこっていた筑豊炭田の石炭が利用できる八幡（現在の北九州市八幡東区）に製鉄所をつくりました。外国から機械を輸入し、技術者を招いて、近代産業を育てていこうという政策を何といいますか。

問14　次の**ア**～**ウ**は製鉄所、自動車組立、ＩＣ（集積回路）のいずれかの工場分布（2016年）を、また、**カ**～**ク**のグラフは北九州、京浜、中京のいずれかの工業地帯の工業製品出荷額割合をあらわしています。製鉄所の分布と北九州工業地帯の工業製品出荷額割合の組み合わせとして正しいものを右ページ中①～⑥から一つ選び、番号で答えなさい。

**ア**

**イ**

**ウ**

（「新詳地理Ｂ（帝国書院）」より作成）



2022(R4) 敬愛中
K 教英出版

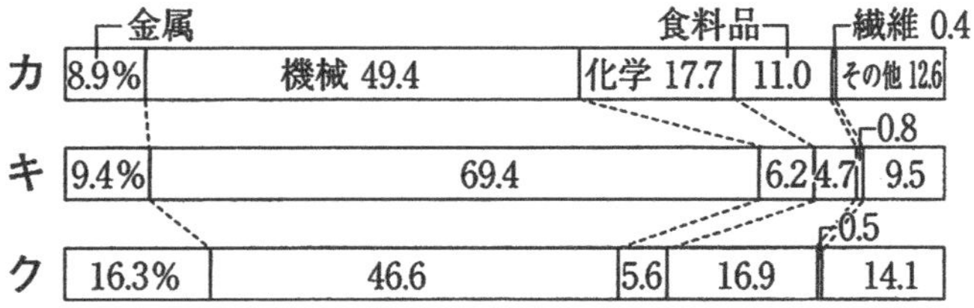


(「日本国勢図会2020/21」より作成)

| | ① | ② | ③ | ④ | ⑤ | ⑥ |
|---|---|---|---|---|---|---|
| 製鉄所 | ア | ア | イ | イ | ウ | ウ |
| 北九州工業地帯 | カ | キ | カ | ク | キ | ク |

2022(R4) 敬愛中
K 教英出版

2022(R4) 敬愛中
K 教英出版

# 敬愛中学校

2022年度　一般入学試験問題

# 作　　文

※　受験上の注意

1．問題は 1 ページから 3 ページまであります。制限時間は 40 分です。

2．解答用紙には、受験番号、氏名を忘れずに記入して下さい。

3．各問題とも解答は解答用紙の所定のところへ記入して下さい。

**次の文章を読んで、あとの問いに答えなさい。**

敬太さんの学級では、身近で起きるネットトラブルについて、グループで調べて発表することになりました。そこで敬太さんのグループで、何について調べるか意見を出し合ったところ、普段使用することの多い「ＳＮＳのグループチャットの危険性」について調べようということになりました。

敬太さんは、インターネットで調べてみました。「ＳＮＳのグループチャット」とは、「通常一対一でやり取りするチャットに対し、複数人の友人が集まって会話するチャット」のことを指しており、まるで目の前に友達がいるかのようにリアルタイムで会話ができることから、様々なトラブルが起きていることが分かりました。次の日学校でこのことを愛子さんに話したところ、「どのようなトラブルや危険性があるかくわしく調べてみましょう。」ということで、二人でさらに調べてみることにしました。愛子さんは、「みんなにとって身近なＳＮＳだからこそ、そこにひそむ危険性について事例を見ながら実感できるようにした方がいいわよね。」と言って、ＳＮＳのグループチャットにおける具体的なトラブルについて調べました。すると、小中学生とも、約半数がグループチャットで問題が起きたことがあると回答しており、グループチャットで起きた問題でもっとも多かったのは根拠の無い悪口など「会話について」のトラブルであることが分かりました。

さらに調べていると次の**資料１**を見つけました。愛子さんは「この資料の事例から分かることもあるわね。グループチャットは友達と気軽に話せる良さもあるけれど、相手の顔が見えないからこそ考えて発言する必要があると分かったわ。」と言いました。敬太さんも「ぼくも今日からグループチャットを使うときは、自分の発言が友達の誤解を招かないか考えよう。そして、身近で便利なＳＮＳの危険性をみんなに伝えよう。」と決意しました。

**（注）チャット**……インターネット上の会話のこと。

# 2022年度　敬愛中学校　適性試験　解答用紙

| | | |
|---|---|---|
| 1 | 問1 | |
| | 問2 | |
| | 問3 | 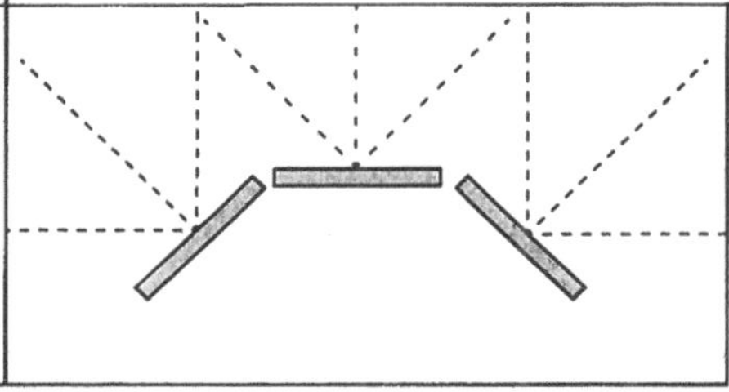 |

| | | | | |
|---|---|---|---|---|
| 2 | 問1 | | 問2 | |
| | 問3 | | | |

受験番号

氏名

※100点満点
（配点非公表）

300

200

## 原稿用紙

問一

300

200

| | | |
|---|---|---|
| 3 | 1 | |
| | 問2 | |
| | 問3 | |

※100点満点
（配点非公表）

総点

| 受験番号 | | 氏名 | |
|---|---|---|---|

資料１

## たった一言で仲間外れに？ 顔が見えないグループチャットの危険性とは

お詫び：著作権上の都合により，掲載しておりません。
ご不便をおかけし，誠に申し訳ございません。　教英出版

『女子小学生　スマホ時代のSNS事情　一瞬の失敗で仲間外れに！』
（ベネッセ教育情報サイト 2020年12月26日）より
※一部改変してあります

**問一**　**資料１**を見て、グループチャットにおいてＡ子さんが友達からの誤解を招かないようにするためには、どのような言葉を送信すれば良かったとあなたは考えますか。具体的な言葉を挙げ、そのように考えた理由も含め二百字から三百字で書きましょう。

**問二**　「ＳＮＳのグループチャット」でのトラブルを防ぐために、あなたが気をつけている、もしくはこれから気をつけようと考えていることを二百字から三百字で書きましょう。

そのとき、次の【注意】に従って、原稿（げんこう）用紙に書きましょう。

【注意】原稿用紙には、題や氏名を書かずに、本文だけを書きましょう。

文章を見直すときには、次の（例）のように、付け加えたり、けずったり、書き直したりしてもかまいません。

（例）

今日、〔私が〕黒板を消しているとき、友だちが~~進んで~~手伝って~~もらいました~~くれました

# 敬 愛 中 学 校

2022年度　一般入学試験　問題

# 適性試験

※　受験上の注意

1．問題は 1 ページから 8 ページまであります。制限時間は 50 分です。

2．解答用紙には、受験番号、氏名を忘れずに記入してください。

3．各問題とも解答は解答用紙の所定のところへ記入してください。

**1** 次の会話文を読み，下の問いに答えなさい。

先生　：今日は，鏡について考えてみましょう。まず，３年生のときに勉強したことのおさらいをします。太陽の光を鏡で反射させて壁（かべ）に当てる実験をしましたね。
そして，鏡２枚を使った場合も実験しましたね。反射させた光を２つ重ねた場合は，１つだけのときと比べてどのようになったか覚えていますか。

生徒A：はい。反射させた光を重ねた方が明るくなりました。

生徒B：はい。重ねた方が温度が高くなりました。

先生　：そうですね。そして，２枚よりも３枚分の光を重ねた方がもっと明るくなって，温度はもっと高くなりましたね。では，今日はそのことを利用したものを紹介します。これは，ソーラークッカーというものです。鏡のように光を反射する板がたくさんついていて，太陽の光をたくさん集めることで，食べ物を温めることができます。キャンプのときに使う人が増えているようです。以前から，キャンプでは火を使って料理することが多かったのですが，なぜ，最近はソーラークッカーを使う人が増えたのだと思いますか。

生徒A：はい。（　　①　　）。

生徒B：先生。Aさんが言ったように，メリットはあると思うのですが，私はソーラークッカーには（　　②　　）というデメリットもあると思います。

先生　：そうですね。確かにメリットもデメリットもありますが，条件が整えばメリットをいかせるので，使ってみるのも良いでしょう。ところで，この逆の仕組みを利用したものもあるのですが，知っていますか。

生徒A：分かりません。何ですか。

先生　：それは，カーブミラーです。交差点についているのを見かけますね。これは，光を集めるのではなく，光を広い範囲に広がらせるというはたらきを利用しています。
だから，実際には見えない位置にある車が，カーブミラーには映って見えるのです。

生徒B：先生，光の進み方がよく分かりません。

先生　：それでは，平らな鏡を３枚使って説明しましょう。
この図のように光を当てたら，鏡で反射された光はどのように進むでしょうか。いま配ったプリントの図に③<u>反射した光の進む向きを書いてみましょう</u>。

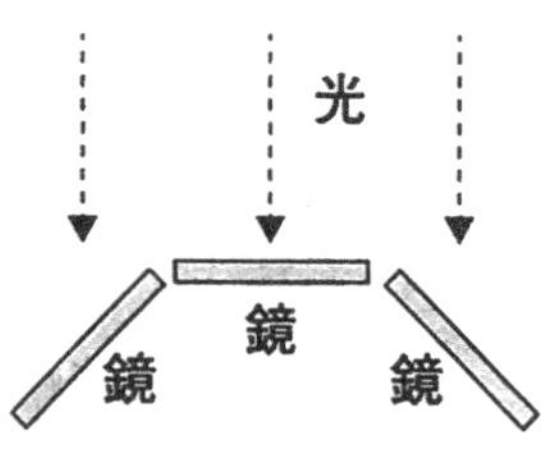

図



2022(R4) 敬愛中
K 教英出版

先生　：みなさん書けましたか。正解はこのようになるので，やはり光が広い範囲に広がることが分かりますね。

問1　文中の（　①　）では，生徒Aがソーラークッカーのメリットを述べています。あなたの考えるソーラークッカーのメリットを答えなさい。

問2　文中の（　②　）では，生徒Bがソーラークッカーのデメリットを述べています。あなたの考えるソーラークッカーのデメリットを答えなさい。

問3　下線部③にあるように，反射した光の進む向きを解答用紙の図に書きなさい。ただし，図にある点線のどれかをなぞること。

2　昨年夏に東京で開かれたオリンピックの歴史について、Aさんは調べ学習を行いました。発表内容を読んで、問いに答えなさい。

オリンピックは、今から約2800年前(1)ギリシャで行われた「オリンピア祭典競技」が始まりです。この祭典は、全能の神ゼウスをはじめ多くの神々を崇(あが)めるため、神さまを祭る場所で行われる体育や芸術の競技祭でした。

スポーツの世界一を決める大会として、再び(2)オリンピックが開かれるようになったのは、1896年フランスのクーベルタン男爵(だんしゃく)の呼びかけが始まりです。第1回大会はギリシャのアテネで行われました。日本が大会に初めて参加したのは1912年の第5回ストックホルム大会で、三島弥彦(みしまやひこ)と金栗四三(かなくりしそう)の2人の選手が短距離走とマラソンの2種目に出場しました。それ以後、(3)第32回東京大会（2021年）まで、日本から、多くの選手が送り出されました。

平和の祭典とも言われるオリンピックですが、過去には戦争で中止となった大会もありました。第6回ベルリン大会（1916年）は第一次世界大戦で、第12回東京大会（1940年）、第13回ロンドン大会（1944年）は第二次世界大戦で中止となりました。また、第32回東京大会は新型コロナウィルス感染症の世界的な流行によって1年延期となりました。前回の第31回リオデジャネイロ大会から5年後の2021年に行われた東京大会でしたが、日本は開催国(かいさいこく)の強みを生かして多くの種目でメダルを獲得(かくとく)し、私たちも選手の活躍(かつやく)を、テレビを通じて楽しく観戦することができました。次の第33回大会は、2年後の2024年にフランスのパリで行われる予定です。

（参考：日本オリンピック委員会ホームページ）

問1　下線部(1)に関係するものを**ア**～**エ**から一つ選び、記号で答えなさい。

**ア**

**イ**

**ウ**

**エ**

2022(R4) 敬愛中
K 教英出版

問２　下線部(2)について、Ａさんは、今までオリンピック（夏季）が開かれた国とその回数について関心を持ち、次の表を作成しました。表の読み取りとして**あやまっているもの**を**ア**～**エ**から一つ選び、記号で答えなさい。

表　オリンピック（夏季）開かれた国とその回数

| 開かれた国 | 回数 | 開かれた国 | 回数 |
|---|---|---|---|
| アメリカ | 4回 | フィンランド | 1回 |
| イギリス | 3回 | イタリア | 1回 |
| ギリシャ | 2回 | メキシコ | 1回 |
| フランス | 2回 | カナダ | 1回 |
| ドイツ | 2回 | ソビエト連邦（ロシア） | 1回 |
| スウェーデン | 2回 | 韓国 | 1回 |
| オーストラリア | 2回 | スペイン | 1回 |
| 日本 | 2回 | 中国 | 1回 |
| ベルギー | 1回 | ブラジル | 1回 |
| オランダ | 1回 | | |

※第16回メルボルン大会（オーストラリア）は、ストックホルム（スウェーデン）と２か国協催のため、両方に数えています。
※戦争で中止となった第６回、第12回、第13回大会は回数に数えていません。

**ア**　北アメリカ大陸では、合計６回開かれています。
**イ**　南半球で開かれた国は、オーストラリアとブラジルだけです。
**ウ**　ヨーロッパ州で開かれた回数は合計15回です。
**エ**　アフリカ大陸で開かれたことはありません。

問３　下線部(3)について、Ａさんは、2000年以降に開かれたオリンピックに参加した国や地域、参加選手人数、大会運営にかかった費用を、表やグラフにまとめました。2008年の北京大会以降、オリンピックを開く国は、どのようなところに気をつけて大会を開くようにしたか、表やグラフをもとにあなたの考えを答えなさい。

表　2000年以降のオリンピック大会参加国・地域数、参加選手人数

| 年 | 大会名 | 参加した国と地域数 | 選手人数（人） |
|---|---|---|---|
| 2000 | シドニー | 199 | 10651 |
| 2004 | アテネ | 201 | 10625 |
| 2008 | 北京 | 204 | 10942 |
| 2012 | ロンドン | 204 | 10568 |
| 2016 | リオデジャネイロ | 205 | 11238 |
| 2021 | 東京 | 205 | 11092 |

グラフ　2000年以降のオリンピック（夏季）大会運営費用

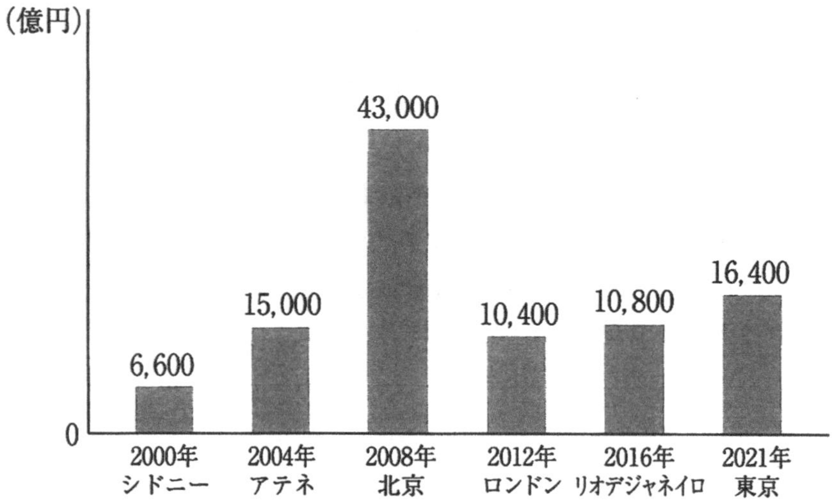


※2000年シドニー大会～2016年リオデジャネイロ大会は「楽天証券マーケティング」ホームページより作成。１ドルを100円として換算。
※2021年東京大会は、ＴＯＫＹＯ2020東京組織委員会第５次予算試算より作成。

**3** 敬さんはスマートフォンにかかるお金が毎月いくらかを調べました。お店に売っている機種とその価格(税込)，料金プランと通話料金を含まない１か月の基本料金(税込)は次の表のとおりです。

| 機種 | 価格(税込) |
|---|---|
| A | 30000円 |
| B | 60000円 |
| C | 90000円 |

| 料金プラン | 1か月の基本料金(税込) |
|---|---|
| S | 2000円 |
| M | 3000円 |
| L | 4000円 |

次の問いに答えなさい。

問１　機種Bを 24 回払い(24 か月払い)で購入した場合，１回あたりの機種料金はいくらになりますか。

問２　このお店では，機種を 24 回払いで購入し，２年間(24 か月)続けて使用してくれる人は，毎月，1000 円の割引サービスと，基本料金の 20 %割引を同時に受けることができます。
機種Cを 24回払いで購入し，料金プランSを２年間続けて使用する場合，１か月の料金は合計でいくらになりますか。計算式や言葉を使って説明しなさい。
ただし，通話料金は考えないものとします。

1か月の料金は［　　　　］円



2022(R4) 敬愛中
K 教英出版

問 3　通話料金のことが気になり，さらに調べてみたことを次の表にまとめました。

| 料金プラン | 通話料金(税込) |
| --- | --- |
| S | 10秒ごとに8円 |
| M | 1回の通話につき5分まで無料<br>5分を超えた分は10秒ごとに8円 |
| L | 無料 |

敬さんは，通話の回数が多いので料金プランSより料金プランMを選んだほうが安くなると考えました。問 2 の割引が使えた場合，通話の合計時間が何分以上なら，料金プランSより料金プランMを選んだほうが安くなりますか。計算式や言葉を使って説明しなさい。
ただし，1回の通話はちょうど 1 分として考えます。

| |
| --- |
| 　　　　　分以上 |

2022(R4) 敬愛中
K 教英出版

2022(R4) 敬愛中
K 教英出版